LES RAMEAUX NOIRS

Simon Liberati est l'auteur de six livres, dont *Anthologies des apparitions* (2004), *Jayne Mansfield 1967*, prix Femina 2011, *Eva* (2015) et *Les Rameaux noirs* (2017).

Paru au Livre de Poche :

CALIFORNIA GIRLS

EVA

SIMON LIBERATI

Les Rameaux noirs

(Mnémosyné)

STOCK

© Éditions Stock, 2017.
ISBN : 978-2-253-07393-2 – 1re publication LGF

*Déjà les beaux jours, la poussière,
Un ciel d'azur et de lumière,
Les murs enflammés, les longs soirs ;
Et rien de vert : à peine encore
Un reflet rougeâtre décore
Les grands arbres aux rameaux noirs !*

Le 16 août dernier, j'ai accompagné mon père aux urgences de l'hôpital Cochin parce qu'il manifestait des signes de délire. Un rêve suivi d'une forte fièvre lui avait troublé l'esprit. Il m'a montré un autre visage que celui que je connais. Peut-être l'ai-je aperçu enfant et m'a-t-il fait peur.

Dans son rêve, il s'est senti attiré au plafond par une force inconnue et il a entendu des rires. Ma mère ironisait sur le saint curé d'Ars, mais elle m'apprit en même temps qu'il était effrayé par les meurtres que j'ai décrits dans mon dernier livre.

Mon père, si pudique, refusait de porter son pyjama réglementaire et restait en slip au milieu de la chambre d'hôpital avec un petit sourire. Il me dit en brandissant la poire d'appel d'urgence reliée à la cloison par un fil : « Je n'ai pas le droit de sonner, eh bien, tu vas voir… » Il appuya sur la sonnette. Ce geste tout à fait contraire à sa réserve habituelle me choqua plus que les meurtres de mon livre. J'avais le sentiment qu'il était agité par une force mauvaise. Enfantine, aussi. Une lueur peu différente de celle d'Eva quand elle devient hargneuse au point de me donner des coups de pied dans les tibias. Eva et mon père ont en commun d'être restés sincères et parfois cruels comme des enfants. D'ailleurs, Eva ne s'inquiète pas trop de cette crise de folie, elle garde son quant-à-soi devant nos malheurs familiaux en dépit de son affection pour mon père. Mais c'est une compagnie de jardin d'enfants, il pourrait bien disparaître du jour au lendemain sans qu'elle soit autrement étonnée.

Dionysos est souvent représenté sous l'apparence d'un adolescent bouclé ; mon père lui ressemble sur les photographies prises à l'âge où il écrivit ses premiers poèmes. Je pense à une en particulier où il joue à Tarzan. C'est sa sœur Yvonne qui l'a fait poser un jour où ils étaient partis en camping dans une calanque marseillaise. Vêtu d'une sorte de pagne, il tient un javelot, de longues boucles lui tombent autour de la tête. Il a un corps d'adolescent que je ne lui ai pas connu.

Il a lui-même évoqué cette période de sa vie, ou plutôt une époque un peu postérieure, 1943, dans un texte en prose, une « fable » intitulée *Vieux Capitaine* qu'Aragon fit paraître aux Éditeurs Français Réunis en 1958. Ce récit très trouble commence ainsi :

Je suis à seize ans tombé amoureux de Jacques.
Je fus sa proie puis son ombre

Il a exercé sur moi une influence considérable. Avec *Ma mère* de Georges Bataille, ce fut sûrement le livre qui m'a le plus gêné à la lecture. Il continue ainsi :

Ma mère ? ma mère est une femme, hélas ! autant dire une boniche. Je suis « *de ceux qui disent ce n'est rien, c'est une femme qui se noie* ». Que veux-tu ? Nous ne sommes pas responsables de nos parents.

J'ai imaginé, non sans raison, plus tard qu'il avait lui-même été influencé par Cocteau, celui des *Enfants terribles* que j'ai lu très tard, onze ou douze ans après mon premier roman, y découvrant avec beaucoup d'étonnement des points communs. L'appartement des enfants, les mauvaises influences, l'opium, le rôle fantomatique des adultes... Tout cela, je l'avais reproduit, sans avoir jamais lu Cocteau. J'ai compris que c'était passé à travers mon père. Le démonisme des *Enfants terribles*, celui du *Vieux Capitaine* et celui d'*Anthologie des apparitions* était le même. Il y avait un petit démon qui circulait dans les trois livres. Indépendant de Cocteau, de mon père ou de moi. Il avait séduit chacun chez l'autre. Le principe des attirances dangereuses.

L'élève Dargelos, Jacques le mauvais ange de mon père ou la petite Sophie de mon premier livre avaient la même nature.

L'amour des petites filles et celui des petits garçons sont cousins germains. Nabokov est proche de Wilde, Lolita de Lord Alfred Douglas. Eva de tous les deux. L'amour de mon père, ce livre hautement pervers qu'est *Vieux Capitaine,* l'œil que j'ai vu luire quand, redevenu soudain paternel, il me montrait comment embêter l'infirmier en appuyant sur la sonnette appartiennent tous à la même famille (j'avais écrit « à la même femme »).

On explique les fantômes du XIXe siècle par les habits de nuit portés par les parents, de grandes chemises blanches... L'enfant a peur, il crie... les parents sont effrayés, ils y vont... un fantôme paraît.

La blancheur cadavérique... Celle des vieillards. Le caractère satanique d'un père n'a rien à voir avec sa stature. Un vieil homme en slip qui appuie sur une sonnette « pour rire », pour mettre en colère un infirmier peut tenir ce rôle.

Quand il m'arrive de traverser un de ces passages à vide qui interrompent une matinée de travail, je change de place, je quitte mon bureau pour un fauteuil et je me noie doucement dans un état de demi-sommeil où des éléments du décor quotidien prennent d'autres aspects. Je pense ici au dossier d'un fauteuil tonneau recouvert de velours bleu fané. J'y ai vu tout à l'heure la forme d'un porc puis une assemblée vénitienne de tricornes, figures de Longhi ou de Magnasco noyées dans un camaïeu bleu. Avant de m'endormir je pensais à Proust. Mes idées s'organisaient autour du panneau d'affichage de la colonne Morris où Marcel lit l'annonce de Phèdre au début d'*À l'ombre des jeunes filles en fleurs*.

Mon projet était de réfléchir à la déception du narrateur lorsqu'il voit Berma pour la première fois à la Comédie-Française en compagnie de sa grand-mère. C'est le jour où Françoise prépare un bœuf en gelée pour le dîner Norpois. Un passage des plus fréquentés où je ne sais pas ce que je peux encore trouver. Mais je rêvasse et je m'endors…

Je fais un rêve pénible, pas vraiment un cauchemar. Je travaille sur un chantier comme manœuvre. Peut-être celui de l'hôtel Lotti, rue de Castiglione, que j'ai visité avec Eva la semaine dernière. Le rêve me fait tomber dans un état de passivité timide – un repli silencieux plus effrayant à surmonter que la tâche à faire. J'ai souffert dans ma jeunesse du mutisme où je m'enfermais dès que je devais travailler en équipe. Les autres m'ayant laissé dans mon coin, un angle de mur à claire-voie troué par le pic des démolisseurs, je passe mon temps allongé dans la poussière de ciment à côté de petits déchets à fouiller au fond d'une cavité où je discerne au moins deux objets : un fragment d'outil taché de plâtre et une bague cabossée fixée à un écrou. Je reconnais le deuxième objet que j'arrive à retirer à force de contorsions, un anneau de tiroir en cuivre. Dans mes mains, il se met à briller. Un ouvrier qui passe derrière moi me dit que c'est une « belle trouvaille ». En me relevant, je découvre que le chantier s'est vidé. On est à la fin de la semaine et je n'ai guère avancé. Je croise un contremaître à l'étage inférieur, je lui demande « où sont les briques ? », il me regarde sans méchanceté de l'air déçu et méprisant qu'ont les travailleurs manuels pour les incapables. Son jugement est fait, la sympathie n'y peut rien, il m'indique une pile de briques neuves qui se trouve non loin sous mon nez. Je n'ai pas de brouette, je ne sais pas gâcher le ciment. L'heure de la paye est arrivée, je suis humilié de devoir bientôt demander mon salaire, et pourtant j'ai besoin de cet argent.

Je passe par une période stérile mais pleine de curiosités qui m'absorbent sans porter à conséquence. Depuis deux jours, je m'intéresse à l'orphisme. Une doctrine secrète, un système de croyances et de rites, d'origine égyptienne, qui a pénétré en Grèce après la période d'Homère et influencé les mystères d'Eleusis. On sait très peu de choses des initiations orphiques et de la façon dont elles étaient pratiquées. L'ascétisme et la magie y jouaient un rôle. Ce sont les orphiques qui ont importé en Grèce le mythe platonicien de la réincarnation des âmes. Je lis tous les après-midi des travaux de savants anglais et allemands. Ces volumes datent du début du siècle dernier. Parfois j'y retrouve des traces de mes lectures antérieures, révélant que je me suis déjà promené sur le même passage, sur la même page d'Erwin Rohde parmi les six cent cinquante qui forment son volume *Psyché*. L'orphisme est un miroir poussiéreux où se perdent mes rêves éveillés, pas le mauvais rêve que j'ai raconté plus haut, mais des rêveries doucement méditatives, des promenades sans fin dans de vastes collections d'idées mortes. Comme beaucoup de lecteurs de Platon, j'ai été frappé par des notes en petits caractères renvoyant à ce mot mystérieux, à l'attaque ronde tel un cercle magique : *Orphiques*. Je l'ai trouvé partout dans *Phèdre*, ce double masculin d'une héroïne avec qui je l'ai un moment confondu avant d'arriver à les séparer l'un de l'autre comme les jeunes filles de Balbec, *Phédon* que j'ai lu d'abord ou *Ion* que cite Rohde... Je ne suis pas passionné par l'ésotérisme, mais je ressens une piété filiale pour tout ce qui renvoie aux doctrines mystiques, ces volumes mystérieux et hostiles qui se laissent acheter sans rien céder de leurs secrets.

Erwin Rohde, camarade de Nietzsche à Leipzig, n'est pas un mystagogue. Sa manière d'éclairer l'orphisme au chapitre X de sa *Psyché* est limpide. Sa synthèse repousse le mystère, c'est un philologue. Des énigmes discrètes gardent l'austérité des notes en grec. À peine percent dans ces pages jaunies, dont la couverture complètement cuite a pris la couleur fumée de certains plafonds de brasserie, un mépris envers les idées orientales, la perte de confiance en soi de l'homme grec qui abandonne sa souveraineté pour mettre son salut entre les mains d'un guide, le roi Orphée. On reconnaît la dureté de Nietzsche. Pour Rhode, l'orphisme est une théosophie trouble, un préchristianisme encombré de dieux bizarres acclimatés par osmose au panthéon grec ou demeurés à jamais étrangers, tel Phanès, l'androgyne à quatre yeux qui cassa l'œuf primitif. Un monstre dont on frémit à l'idée qu'il ait pu engendrer le monde ou même un seul mythe du *Banquet*. Rohde méprise ces fables et il ne cite Phanès que deux fois dans son livre. La première en note et la seconde, de manière elliptique, par comparaison avec une autre créature dont le nom m'échappe aussitôt.

*

Je referme Rohde. Je me demande pourquoi je m'intéresse à l'orphisme. Les croyances sur la survie de l'âme après la mort s'imposent doucement comme la lumière de fin d'après-midi avant le crépuscule. Les souvenirs de jeunesse de plus en plus sentis au fur et à mesure que le temps passe me donnent la jouissance d'une autre vie dont les issues s'ouvrent à moi un peu partout. Par moments, je ressens une paix, un bonheur extraordinaire, puis les idées filent, la courte extase s'arrête, je retourne à mes livres.

*

Pour plus de pittoresque et de détails sur les mystères orphiques, il faut s'adresser aux Anglais, ici William Keith Chambers Guthrie, un professeur de Cambridge, ancien agent des services de renseignement, auteur d'un ouvrage de référence sur les dieux grecs, mais surtout d'un premier livre, écrit dans l'Angleterre des années 1930, avant sa période d'espionnage à Istanbul, et traduit chez Payot en 1956 : *Orphée et la religion grecque,* un guide de voyage imaginaire. Phanès y trône en bonne place. Non loin, j'y trouve à peine ouvert au hasard une représentation du Temps bien plus amusante que celle que Proust a collée, avec une maladresse d'homme pressé par la mort, à la fin de son livre. Cette secte venue des parages orientaux de la Grèce avait une théogonie bizarre, plus inquiétante que celle d'Hésiode. On s'y dévore beaucoup. Une des divinités principales était le Temps, parfois figuré d'une manière aussi abstraite que la nôtre, mais idolâtré à d'autres endroits sous une forme ailée ainsi décrite par le néoplatonicien Damascius.

> C'est un serpent ayant des têtes de taureau et de lion qui poussent sur lui, et au milieu se voit la face d'un dieu ; il a aussi des ailes sur les épaules ; on le nomme le Temps sans âge...

Damascius le Diadoque est mort en Syrie en 530 après J.-C., douze siècles après les débuts de l'orphisme. Ce contemporain de Clovis et de Frédégonde fait partie des derniers sectateurs du paganisme. Où avait-il été déranger une telle présence ailée ? Mystère. On la dirait envolée d'un temple de Babylone. Elle ne manque pas d'allure, éclairée par ma lampe, à la tombée du jour, dans les vitrines de mes rêveries.

*

Les ruines de l'abbaye voisine s'effacent dans l'ombre, restent les rameaux noirs du tilleul. Je reprends le dixième chapitre de *Psyché*. J'imagine les mystes d'Orphée, hommes et femmes inquiets devant le gouffre de l'au-delà, les rituels, les tombes, l'or de leurs tablettes funéraires.

Je suis ainsi fait que les rites m'émeuvent davantage que les symboles. Peut-être parce qu'ils me rassurent. Dans les minuscules caractères des notes du livre d'Erwin Rohde, tatouées de mots écrits en alphabet grec, je sens des présences humaines, réduites en cendres depuis deux millénaires et pourtant ils viennent à moi éclairés par la lampe. Ils bougent encore.

Plus tard dans la nuit, vers trois ou quatre heures du matin. Eva anxieuse me demande de la prendre dans mes bras et de lui gratter le dos comme un animal pour la rassurer. J'ai vu des singes faire la même chose, un vieux remède de primate antérieur à tous les cultes. Le mot « Orphée » me revient, une de ces obsessions mentales, idées fixes, amulettes qui m'évitent de délirer dans le noir. La mystique ne naît pas de la philosophie mais de la nuit. Orphée et Eurydice...

Eva s'endort, ma torpeur naissante s'accroche à Verlaine ou à Cocteau – soudain je ne sais plus – sur le sommeil de l'être aimé... L'amant qui regarde l'autre dormir... Un poème que mon père nous a lu jadis quand j'étais enfant avec ma mère et qui se termine ainsi :

Vite, éveille-toi. Dis, l'âme est immortelle ?

Évidence d'un lien entre l'inspiration poétique et la survie de l'âme. Je sens se glisser vers moi l'idée que je repousse, que j'ose à peine prononcer, de la mort de mon père.

La crise de folie n'a duré que quelques heures. Après une journée d'hôpital, réhydraté par une transfusion, il s'est calmé.

Il était déjà sorti de son cauchemar éveillé quand j'ai répondu dans le couloir aux questions des médecins. Influencé par maman qui tentait de justifier ses excentricités auprès des infirmiers en leur expliquant qu'il était poète, j'ai donné cette profession à l'interne qui remplissait un questionnaire. La jeune fille m'a regardé et m'a dit :

— C'est la première fois qu'on me dit ça.

Jamais je n'aurais dit cela avant, moi non plus. À l'école, dans la case « profession du père », j'écrivais « employé de banque », puis dans les années 1970 « analyste financier ». À presque quatre-vingt-dix ans, après plus de trente ans de retraite d'un métier qu'il n'aimait pas, je trouvais soudain légitime de lui rendre publiquement ce titre qu'il a porté depuis l'âge de quinze ans avec fermeté et discrétion.

Cet homme doux a des saillies brutales. Lorsque j'ai fini le manuscrit de mon premier roman, il m'a dit :

— Tu ne vas quand même pas devenir romancier ?

Le surréalisme n'encourageait pas ce genre d'occupation. À quarante-trois ans, j'étais armé, mon parti l'emporta. Le soir où je passai saoul et drogué dans une émission de télévision, il ne fit aucun commentaire. Trois semaines plus tard, après une interview moins excentrique enregistrée sur une péniche, il me dit :

— Fais attention de ne pas te normaliser.

Durant toute ma carrière de romancier, je ne cessai de penser à ce *Vieux Capitaine*, œuvre isolée dans sa production essentiellement faite de poésie, en prose puis en vers réguliers. Car il avait quitté l'influence de Breton pour celle d'Aragon puis de Maurras.

Le titre du livre vient de Baudelaire :

Vieux capitaine il est temps levons l'ancre
Ce pays nous ennuie...

Une fois qu'il évoquait devant moi sa tentative de s'engager dans la SS en 1944, une folie suicidaire d'adolescent – il fut refusé à cause de son jeune âge. Il me dit :

— C'est dommage qu'ils ne m'aient pas pris, je serais mort.

En train pour Bordeaux et les Odilon Redon du musée des Beaux-Arts, je lisais un volume de T.S. Eliot. Son titre : *De la poésie et de quelques poètes*. Il date de 1963 ou 1964, il a paru dans la collection « Pierres vives » au Seuil, la même qui édita *Sade mon prochain* de Pierre Klossowski.

Il s'agit d'un recueil d'essais et de conférences. J'avais choisi de l'emporter dans le train à cause de Francis Bacon et d'un tableau inspiré par le poème d'Eliot « *Sweeney Agonistes* ».

C'est un essai intitulé *Virgile et le monde chrétien* qui m'a relancé sur l'orphisme. Il revient sur la quatrième églogue (ou quatrième Bucolique) de Virgile. Ce poème qui annonce la naissance d'un mystérieux enfant a été durant tout le Moyen Âge considéré comme une prophétie de la naissance du Christ. Derrière le vieux thème du messianisme virgilien, Virgile prophète du monde chrétien, se dessine un ressort principal de l'article : l'inspiration. « Si le mot "inspiration" a quelque sens, il signifie simplement ceci – que celui qui parle ou écrit ne comprend pas pleinement ce qu'il énonce, et même qu'il peut se tromper sur le sens de ce qu'il a dit après que l'inspiration l'a abandonné. »

La thèse principale de T.S. Eliot me paraît la suivante : *L'inspiration échappe à l'homme et à l'histoire*, mais les influence d'autant mieux. Peu importe que Virgile annonce ou non la naissance du Christ dans la quatrième églogue, aucune réfutation savante n'annulerait les liens de Virgile avec le monde chrétien. Il est dans la nature du prophétique d'être prophétique et de ne pas mesurer la portée de la sentence. Les poètes écrivent des choses qu'ils ne comprennent pas toujours. C'est un poète qui parle.

Puis T.S. Eliot fait un relevé lexical : Virgile s'y définit par l'usage significatif des mots « *labor* », « *pietas* » et « *fatum* ». Le travail, la piété et le sort. La piété d'Énée est donnée par Eliot comme piété filiale et comme fidélité à sa mission. Énée se rapproche de l'idéal chrétien par l'idée de patrie céleste et de mission à accomplir. La religion s'est détachée de la terre et du sang, ou plutôt elle a acquis la propriété de se transporter d'un lieu à un autre, de Troie au Latium et bientôt de Judée à la nouvelle Rome. À la différence d'Ulysse qui rentre chez lui retrouver sa famille et son chien, Énée s'expatrie pour fonder Rome. Le culte du travail, motif des *Géorgiques,* le différencie de la pensée grecque et le rapproche aussi du Moyen Âge.

Le poète latin se distingue de l'idéal chrétien seulement parce qu'il ne connaît pas l'amour, au sens où Dante l'emploie.

*

En me relisant, je m'étonne de mon rêve de l'autre jour. Il m'est arrivé de faire le manœuvre sur des petits chantiers dans ma jeunesse, jamais au point de me trouver dans ce genre de situation. Le trouble ressenti me renvoie plutôt à l'école. Comme souvent dans les rêves, l'émotion réveillée en moi est une émotion brute, d'un métal très pur, désagréable. La honte du mauvais ouvrier, l'impression subite et démoralisante d'avoir perdu mon temps, n'est pas une expérience vécue, en tout cas récemment. Elle vient d'une région du passé qui échappe à la mémoire. Une peur confuse, le souvenir d'une époque lointaine, presque légendaire où cela a pu m'arriver. En me réveillant, le malaise vient de la physionomie du contremaître, cet air pour lequel je ne trouve pas d'adjectif à la fois résigné, méprisant, moqueur et dégoûté... Ma manière de demander l'endroit où sont rangées les briques me trahit. Et sa façon de me l'indiquer, polie mais froide, une mère qu'on a trompée cent fois, un professeur déçu par un paresseux...

Mes contradictions, les contradictions en général, m'ont longtemps fait douter de moi-même. C'est l'amour qui m'a rendu la foi. Pas de doute que le voyageur qui m'a précédé dans les pages d'Erwin Rohde n'était pas le même qu'aujourd'hui. Mon pied est plus sûr, même si j'ai perdu un peu de brouillard romantique. Pour me confirmer dans ce nouvel état, je vais chercher deux volumes vert pâle au cuir usé et recollé. Le Platon que je possède dans l'édition de la Pléiade était déjà fatigué quand je l'ai acheté d'occasion voici quinze ou vingt ans. Il est annoté au crayon par un professeur de philosophie mort depuis longtemps et il m'arrive de profiter de sa science. Il ne s'est pas usé dans ma poche, mais les lectures de mon prédécesseur lui ont laissé un culottage de théière ou de vieille pipe. Des bottes de soldat tombé au front... du mobilier d'église... La pierre usée d'un lieu de culte préchrétien.

Volume I : *Ion ou Sur l'Iliade*, œuvre de jeunesse traitant de la poésie. Ion est le nom d'un rhapsode. C'est dans ce dialogue que Platon exprime pour la première fois l'idée qu'il développera dans *Phèdre* et dans *La République* : le poète inspiré des dieux est atteint d'une folie passagère, comme les oracles. Une photo tombe du livre. Francisco, un ami mort depuis vingt ans.

Mes morts sont dans mes livres. Je ne peux ouvrir par exemple les lettres de Bettina von Arnim, volume illustré d'un portrait au crayon, sans avoir un tressaillement de tendresse, comme sur la tombe d'une femme aimée. Bettina a une manière que j'adore de se pencher en avant les yeux pleins d'amour, une enfant trop radieuse. Près de ses mains, des fleurs arrachées... La *Couronne printanière* qu'elle tressa pour son frère... Quel petit monde enfui... Le cercle de Bettina, Sophie, Méline, Lulu, Maximiliane...

*

Platon. Pas de plus belle joie d'amateur que de trouver dans le fouillis des textes une importante pièce classique, déjà mille fois repérée, répertoriée, soulignée, annotée, recopiée par d'autres, mais que je découvre pour la première fois dans sa gangue originelle. À la différence du jeune Marcel (celui de la colonne Morris), ma joie est immédiate... J'ai l'impression qu'un mystère se joue devant moi dans les fumées des torchères ou la simple lueur d'une lampe à huile. Platon, c'est autre chose que Racine, et aussi, derrière Platon, les vieilles idées antérieures, enchâssées telles des pierres dans la belle orfèvrerie qui fit travailler les âmes pieuses de la fin du Moyen Âge.

À vrai dire, j'arrange un peu la vérité, hier soir les premières lignes du *Ion* me semblèrent d'abord lointaines, compliquées, pleines de précautions inactuelles. Les formules m'ennuient, la subtilité grecque, paternelle et ironique de Socrate à l'égard du rhapsode Ion m'agace. Je n'ai pas envie de savoir où il veut en venir. Je n'aime pas les dialogues, je goûte mieux les descriptions ; de même dans la vie, je préfère la contemplation aux rencontres. Il est tard, je viens d'arriver à Paris, j'ai conduit, déménagé un meuble par temps de pluie, je n'arrive pas à m'engager dans la lecture, les petites marques au crayon noir du précédent possesseur du livre me gênent. Cela va jusqu'à un long passage souligné... une image... Celle de l'abeille imitée par La Fontaine dans le *Discours à Madame de La Sablière*.

Papillon du Parnasse et semblable aux abeilles
À qui le bon Platon compare nos merveilles,
Je suis chose légère et vole à tout sujet,
Je vais de fleur en fleur et d'objet en objet

Le papillon se rapproche mieux que l'abeille platonicienne de la racine grecque, « *psuchè* » veut aussi dire « papillon ». Le troisième vers : « Je suis chose légère et vole à tout sujet » sonne comme une devise. Mme de La Sablière me renvoie soudain à mon passé. À une protectrice anglaise, Melissa, qui fut mon éditrice à Londres et m'offrit de vivre chez elle à Paris dans cet hôtel de la Sablière qu'elle venait de racheter, rue Vide-Gousset, en face de Notre-Dame-des-Victoires. Si fortunée, si folle... C'était un autre chantier aussi important que le Lotti. Son bureau, petite pièce en soupente en haut d'un escalier dérobé. Le joli secrétaire américain, Christopher, meuble vivant qu'elle avait piqué au photographe péruvien Mario Testino... Devant Christopher, un buste d'Homère posé sur le bureau dans la poussière et les gravats... Oxonienne, Melissa aimait les classiques. La Jaguar de grand sport que nous avions rapportée d'Angleterre, la cocaïne à toute blinde et la vodka Potocki qui donnait mal au citron. Et avec cela, comme tous les riches, incapable de rester dans la même ville plus de quelques jours. Un malaise ambulatoire... Les ailes de Méphistophélès. Chère Melissa, qu'elle soit ici remerciée, je ris encore de cette époque où j'ai tant pleuré, enfermé dans sa salle de bains sur les fauteuils qui venaient du château de Muzot. J'essayais d'écrire, mais ça ne marchait pas. Elle m'a fait voir en quelques semaines que le manque d'argent, les ennuis matériels m'aident au recueillement.

Je cesse de papillonner, retour à Platon. Le passage qui suit la belle image de l'abeille revient à une image précédente, aussi célèbre, celle de l'anneau de fer aimanté par la pierre, aimantation comparée à l'enthousiasme, cette inspiration divine qui passe d'Homère à son rhapsode. L'explication de la poésie, cette expertise du souffle (le « jaillissement de l'être » de Léautaud dans le métro en 1941, j'y reviendrai), reste la seule valable qui permet de distinguer le versificateur (j'allais écrire « mystificateur ») du poète. Le souffle sibyllin, celui dont Virgile fait état et qui est si joliment rendu par ce traducteur du XVIIIe siècle.

> Le Dieu… Déjà le Dieu se fait sentir tandis qu'elle parle ainsi devant la porte, son visage change de traits & de couleur : ses cheveux se hérissent sur sa tête ; sa respiration se précipite : une fureur divine s'empare de tous ses sens ; sa taille est plus grande, & le son de sa voix n'a plus rien d'une mortelle (…) elle s'agite avec fureur dans son antre. Elle voudrait chasser de son cœur le Dieu qui la maîtrise : mais cette résistance ne sert qu'à faire redoubler les impressions d'Apollon sur sa bouche et sur sa langue : il dompte son cœur rebelle, & la rend souple & docile à ses mouvements.

Voilà quelques lignes imprimées en caractères du XVIIIe siècle, agrandies à la photographie, qui m'ont fasciné quand j'avais vingt-cinq ans. Je ne pouvais savoir que j'allais repasser si souvent dessus. La parenté platonicienne m'échappait, je n'avais pas lu *Ion*. Je pressentais la grande machine mais j'étais confus, sûr pourtant de tenir là quelque chose d'important. Cette photographie agrandie était un de ces fétiches que j'ai traînés longtemps avec moi. Le volume d'où le cliché fut tiré a une histoire qui ne manque pas de sel et que j'ai envie de raconter.

Je me relis. Il va falloir faire de l'ordre. Trop de femmes, trop d'idées, trop de souvenirs. Le thème de l'inspiration, de l'attirance très forte que j'ai ressentie pour ces vers de Virgile tient peut-être lieu d'armature. Comment s'armaturer sur un souffle.

J'avance difficilement, le fil se démêle à mesure que je pose mes idées. C'est l'amour de mon père qui m'a guidé et me guide encore dans mon travail littéraire. Toute sa vie fut soumise à l'inspiration. Il n'a consenti à écrire que dans les conditions définies plus haut. C'est vrai, j'en témoigne. Et encore avec l'âge a-t-il raréfié sa présence, il fallait, comme Platon le précise dans le *Phèdre*, que son âme soit pure et la foi chrétienne lui a donné les instruments de son exigence. Il n'est pas innocent qu'un abbé, spécialiste du jansénisme, soit à l'origine de sa conversion en 1965. À la suite d'un rêve. La combinaison subtile de la grâce et de la prédestination, l'intervention d'une providence divine diffusée par un visiteur nocturne sont très proches des théories antiques sur les oracles et la poésie.

Le groupe surréaliste de l'après-guerre est parfois décrié. On oublie que Breton avait l'œil. Il y eut au rendez-vous du café de la place Blanche au moins trois individualités de premier plan : Duprey, Rodanski et mon père. Un suicidé, un interné et un disparu. Cet évanouissement volontaire dans l'anonymat, son mépris des littérateurs et des libérateurs, son goût discret de la mort, ombra ma jeunesse. Ma mère ressentit sa mise à l'écart volontaire comme une injustice. J'ai appris qu'Aragon parlait de lui après sa conversion en disant « ce pauvre Liberati », c'est depuis l'épithète que j'accorde dans mes livres à tous ceux que j'estime. « Ce pauvre Helmut Berger... »

En cherchant dans une autre édition de Virgile le passage du chant VI de l'*Énéide* – où Virgile, guidé par la Sibylle, rencontre l'ombre d'Orphée aux enfers, puis celle de son père Anchise, le mortel qui l'a engendré en s'unissant avec Vénus –, je tombe sur une reproduction d'un vase du Louvre.

Une peinture noire représentant Énée portant son père sur le dos. La piété filiale d'Énée dont parlait T.S. Eliot est ainsi symbolisée. Dans la voiture de ma mère, une Ford Anglia, il y avait sur le tableau de bord de métal peint en blanc un aimant figurant une scène semblable, mais il s'agissait de saint Christophe et du Christ. Je me revois le faire glisser de l'index et tirer dessus, curieux du phénomène, cette manière qu'avait le cercle orné d'un relief de tenir tout en pouvant être arraché à tout moment par une main d'enfant.

Au chant III, je tombe sur le vers où Virgile exprime la peine d'Énée à la mort d'Anchise :

C'est là, père excellent, que tu me laisses à mes lassitudes...

C'est tout. La retenue du poète que j'ai vu confondre avec de la froideur me paraît plus belle aujourd'hui. Grandeur de l'art lapidaire, modèle de la concision de Dante. Un vers plutôt qu'un roman.

En français, les « lassitudes » sont étonnantes de justesse, elles expriment un sentiment nouveau que je connais seulement depuis deux ou trois ans peut-être devant la vie. Le pluriel surtout. Avant, j'étais différent.

Ces lassitudes font le pendant ordinaire, quotidien, de cette joie dont j'ai dit tout à l'heure qu'elle était « extraordinaire ».

*LES ŒUVRES
DE VIRGILE
EN LATIN ET FRANÇOIS
TRADUCTION NOUVELLE
A PARIS,
Chez la Veuve BROCAS & AUMONT,
Libraires, rue S.Jacques, au chef S.Jean.
M. DCC. LI.
Avec approbation et privilège du Roi.*

*4 volumes reliés en cuir le texte est précédé
par la vie de Virgile par un auteur incertain*

Quelques jours avant mon premier mariage, en 1985, j'ai trouvé pour 12 francs chez une libraire de la rue du Cherche-Midi le troisième tome dépareillé d'un Virgile d'époque Pompadour, un genre de missel païen. Il contenait le livre VI de l'*Énéide*, l'épisode de la descente aux enfers, imitée de la fameuse Nekuia du chant IX de l'*Odyssée*. Son format m'a permis de le transporter un peu partout dans mes poches, d'abord dans un important voyage avec ma première femme en Méditerranée où j'ai vu les fresques de Pompéi et celles du musée de Naples.

Nous prenions de l'héroïne, cette drogue si douce qui fait voyager dans le temps, et je lisais à Anne des poèmes à voix haute, en particulier ce passage sadien et préromantique de Virgile que j'ai reproduit plus haut. Les cris d'Anne pendant l'amour me faisaient penser à la possession de la Sibylle. Je voyais dans ses yeux au moment de l'orgasme le regard panique qui me fascinait dans les fresques romaines. C'est l'engagement dans l'amour physique, le travail d'initiation opéré par cette femme, qui m'a ouvert à une forme de sensibilité plus naïve et moins livresque. Je me sentais de plain-pied avec les êtres vivants qui avaient peint ces visages ; leurs paysages limpides et mystérieux me rappelaient un monde, une lumière que j'étais sûr de reconnaître. J'avais l'intuition sentimentale et non plus intellectuelle d'un lien caché entre des forces obscures et l'amour physique. Ma mémoire excédait de toute part ma propre vie. L'influence de Georges Bataille, des *Larmes d'Éros* où j'avais vu pour la première fois les peintures de la villa des Mystères, réveilla chez moi un désir de création qui n'arrivait pas à se matérialiser. La vie réelle, la passion physique, l'alcool me donnaient des récompenses plus grandes que mes tentatives poétiques ou littéraires. Mais j'étais attiré par l'Antiquité païenne, je m'y sentais chez moi comme une âme enfuie qui retrouve le bain originel. Devant ces paysages, ces lumières bleutées, ces petites figures de terre, ces cyprès peints d'un badigeon léger, j'avais un sentiment de déjà-vu.

À mon retour d'Italie en septembre 1986, un ami intime qui était peintre se tira une balle dans la tête. J'avais passé l'après-midi avec lui à classer de vieux carnets, et en regardant mes dessins d'enfant, il m'avait conseillé de faire de la peinture. Sans savoir pourquoi, après avoir fermé la porte, je l'ai regardé par l'œilleton. Je le vois encore aujourd'hui descendre l'escalier. Une semaine après la mort de cet ami, je rencontrai Pierre Klossowski une seule fois dans son atelier de la rue Vergniaud. J'avais trouvé son numéro de téléphone dans l'annuaire. Il me regarda par l'œilleton avant d'ouvrir en s'exclamant : « Très beau ! Très beau ! Ha ha… » Je n'ai pas osé lui dire que j'étais ému à cause de la mort de mon ami. Nous avons parlé de mon père qu'il ne connaissait pas, mais dont le parcours lui plut. « Un surréaliste qui met son fils au collège Stanislas, c'est formidable ! » me dit-il en riant. Je ne lui ai pas dit non plus à quel point j'avais haï Stanislas. Je lui ai parlé de sa traduction de l'*Énéide*. Il m'a encouragé à la pratique du latin. Il m'a aussi expliqué qu'il dessinait à la verticale et que les figures en grand format à échelle humaine permettaient plus de maladresse.

Quinze ans passèrent, durant lesquels je promenais ce volume de Virgile chaque fois qu'il m'arrivait de partir en voyage. Les petites éditions reliées du XVIIIe siècle sont bien plus solides et pratiques que les livres de poche. L'eau de mer, l'huile solaire ou le sable ne les détruisent pas. Pendant ces années j'ai appris à écrire dans les journaux, j'ai réussi à gagner ma vie et j'ai surtout consacré des heures innombrables à la peinture sous l'influence d'Anne et l'impulsion de Pierre Klossowski. Anne fut ma Roberte, avant que je ne la perde quelque part en sortant de l'enfer de la jeunesse. Une nouvelle Didon me retint alors plus de treize années.

Sed me jussa deum

J'ai perdu le volume de Virgile à Deià, sur les galets d'une crique où la vie devait me ramener à plusieurs reprises. C'est là que l'histoire devient plus intéressante.

L'après-midi où j'ai oublié le petit volume de cuir sur les rochers, j'ai reçu un appel téléphonique. Quelqu'un entra dans ma vie pour en ressortir presque aussi vite, provoquant en moi un influx nerveux pareil à un choc électrique. Les espoirs et les souffrances que cette rencontre fatale fit naître, en peu de temps, créèrent l'état de sensibilité nécessaire à l'écriture de mon premier livre. Depuis le voyage à Naples quinze ans plus tôt, je n'avais pas connu cela. J'avais même oublié qu'une telle liberté sans merci existait. Quelque chose de ma jeunesse se réveillait, cristallisé par ce long sommeil. L'idole intérieure bougeait de nouveau.

*

J'ai retrouvé bien plus tard les quatre volumes du même Virgile de 1751 par hasard chez un libraire. Ma joie faillit être gâchée par un accident : en ramassant les livres, la bague à la chevalière que m'avait donnée cette femme est tombée par terre. La pierre verte, gravée de son blason suivant l'usage polonais, s'est fêlée.

J'omets d'autres signes liés à Deià, qui forceraient le trait par leur accumulation. Depuis qu'un ami m'a mis en garde contre ce défaut dont il s'est moqué devant moi, « je ne supporte pas les paranoïaques », je me sens observé dès que je me laisse aller à voir le destin là où bien souvent il n'y a que du hasard et surtout des confusions de dates. Il suffit de vérifier pour s'apercevoir que la mémoire comme le rêve avancent par assimilation. La fable commence quand on prend des libertés avec le temps.

Dix pages sorties en une soirée sur un vieux Macintosh qui ressemblait à une petite télévision ont plus compté dans ma vie que tout le reste : femmes, enfant que je n'ai pas eu, argent, drogues...

En écrivant le début de mon premier livre, j'avais peur comme si je couchais avec quelqu'un de dangereux qui allait tout foutre par terre. Comme un père de famille qui devient homosexuel à quarante ans ou un voyageur qui suit des gens dangereux la nuit dans un lieu inconnu. Je commençai mon texte en parlant de jeunes filles mortes. C'était le même ordinateur sur lequel j'écrivais mes articles, mais l'écran de la machine n'avait plus la même fonction. Ce qui sortait de moi n'était plus de la même nature que d'habitude. J'avais retrouvé une langue oubliée, celle de mes premiers efforts, avant le journalisme. L'influx nerveux se stabilisait grâce au métier acquis, j'avançais phrase après phrase sans plus me remettre en question, mais la qualité de ce qui venait au jour n'avait rien à voir avec mes productions ordinaires. Derrière les souvenirs de mes dix-neuf ans, le germe originel, si j'essaye de l'isoler, de tout ce qui est venu s'y ajouter très vite, venait de la *Jeune captive* d'André Chénier. Et de cette exclamation dont l'écho résonne en moi depuis l'enfance : « Je ne veux pas mourir encore ! »

*

Enfant, j'aimais André Chénier, parce que mon père, un autre André, m'avait lu *La Jeune Captive*. Je l'aimais simplement parce qu'il s'appelait André comme mon père. Pour la même raison, j'aimais Breton sans le connaître, et aussi le prince André de Tolstoï, celui qui meurt à Borodino en regardant le ciel. Chénier, c'était l'héroïsme, celui de Charlotte Corday qui se confondait dans mon esprit avec la vraie captive, Aimée de Coigny. Le « je ne veux pas mourir encore » qui court dans les meilleurs poèmes d'Aragon et d'Apollinaire. Quelque chose des croisades et de l'*Iliade*. Ce qui vaut la peine de vivre, mais aussi de mourir, et que seules les guerres, les révolutions, la familiarité de la mort font monter dans l'homme.

Je ne voyais pas encore la beauté des paysages, l'art grec, celui des cannelures Louis XVI et non les lourdes imitations de l'Empire. Chénier fait paraître les Romantiques tocards en même temps qu'il se tient au cœur de leurs poèmes les plus réussis.

*

Salut Thrace, ma mère et la mère d'Orphée...

J'ouvre *Poésie et Vérité* de Maurras, le chapitre second sur Chénier, et je tombe sur ce vers qu'à en croire Maurras « on sait par cœur ».

J'entends toujours l'accent du Midi quand je lis Maurras. L'accent provençal bien élevé, celui que je perçois au téléphone avec Schuhl, j'aime bien ça, la Provence, l'Oc, même si ça m'éloigne de mon goût pour la France du Nord-Est. Puis, très vite, je m'habitue. Édité en 1944 chez Lardancher, le Maurras de la fin. Un article sur Rousseau, puis une merveille (au début du moins), un éloge d'André Chénier. Maurras est le meilleur citateur que je connaisse avec Aragon et Sainte-Beuve. Les fragments enchâssés dans ses critiques sont toujours de la première eau. Cet art poétique de Chénier, évoqué par un vieillard très entier, fait ressortir la pureté du poète. Pour la première fois, Maurras me fait voir les rapports de Chénier et de Rimbaud et l'influence de La Fontaine, et les poètes de la Renaissance, la Pléiade bien sûr dont Chénier partage l'érudition naturelle acquise dès l'enfance. Dans les vers choisis par Maurras, la mer revient souvent, comme une nostalgie. Pressentiment de l'adieu à Martigues, de la prison de l'Est, du cloître de Clairvaux. Une mer aussi transparente que le bleu des fresques antiques. Les confins de Chénier touchent à Virgile et à Dante. Voilà des vers très inspirés, un « jaillissement de l'être » qui prouvent que la Muse, la « déesse » anonyme d'Homère, est toujours immortelle. Elle vit, elle est cachée simplement parmi les Néréides de la Méditerranée, dans les forêts et les vieilles bibliothèques. Elle vit, elle est là, je la vois passer sous l'écume.

Un oiseau, une mésange, vient taper à ma fenêtre en même temps que je pense à Chénier. La vieille croyance est-elle donc vraie que les oiseaux portent les âmes après la mort ? À observer les mésanges depuis dix ans, j'ai tendance à le croire. Elles viennent souvent frapper au verre de ma fenêtre quand je chasse la chimère au plus près, quand je fais bouger les feuillages par l'intensité de ma course. Quand ma raison de vivre m'apparaît fuyante, comme l'ombre marine d'une déité dans un poème de Chénier.

*

Rêvé de Lord Alfred Douglas. L'amant d'Oscar Wilde portait un blazer à rayures. Je ne crois pas l'avoir jamais vu ainsi en photo. Sans doute y a-t-il un tailleur aux enfers.

Douglas était plus déchaîné que Wilde, très lettré, très amateur de poésie. Les Douglas sont fous, ils descendent de Macbeth. Donc fou, pervers, atroce, mais plus de goût qu'on ne croit. Mon ami Carlos m'a apporté l'autre jour pour la Toussaint le catalogue de la bibliothèque de Pierre Bergé. Je tombe sur le lot 539 : les *Poèmes saturniens* de Verlaine, marqué en ex-libris manuscrit du nom d'Alfred Douglas. Celui qu'il avait au collège, sans doute un cadeau d'Oscar.

Et le plus beau d'entre tous ces mauvais anges...

Une émotion passagère, rien que pour elle je garde ce gros pavé rouge, plein de choses sans valeur pour moi, comme Victor Hugo en édition originale ou un manuscrit de jeunesse de Flaubert. En prison, quand il eut le droit de lire pour la première fois, Wilde demanda *Madame Bovary*. Je n'aurais pas choisi ça.

Virgile, Dante ou Chénier, mais pas Flaubert... Le gardien disait de Wilde qu'il avait l'air d'une « dame à qui on avait fait de la peine ». Peut-être parce qu'il n'était pas condamné à mort ?

*

Verlaine est de tous les poètes que cite Maurras le moins influencé par Chénier. Verlaine que mon père me lisait, que j'ai beaucoup lu seul vers seize ou dix-sept ans à l'époque où j'aimais aussi Oscar Wilde et me comparais aux photos de Lord Alfred Douglas. La pédérastie de Wilde comme celle de Proust n'est pas au fond homosexuelle. Elle est avant tout « pédéraste » ; c'est le goût du démonisme enfantin, comme celui de Nabokov ou de Larbaud. Il y a du démonisme enfantin dans mon inspiration. C'est l'éveil de Marina, cette sœur de plaisir et de fantaisie, qui m'a forcé la main. La nature imite l'art : Douglas, c'est Dorian, deux ans après.

Carlos m'a raconté en marchant dans la forêt, une chasse avec sa tante, une femme sèche, dure, très intelligente, maîtresse d'équipage. « J'étais cruel comme tous les enfants, ma tante m'a indiqué l'aboi, les chiens cessaient de crier mais aboyaient, ce qui signifiait la fin de la chasse. J'ai voulu voir le cerf mourir. Mais elle a appelé un valet et m'a dit : "Non c'est l'affaire des piqueurs." »

J'aime cette idée. La chasse spirituelle est un peu du même ordre. Il y a ceux qui lèvent, pour lesquels la chasse est un jeu subtil où l'oreille peut suffire, les poètes comme mon père et les piqueurs, les prosateurs, les romanciers... Catégorie dans laquelle je me range.

Comme j'ai pu l'observer enfant avec surprise, mon père aimait la compagnie des petites filles. Marina n'était au fond qu'un hommage romanesque. Et Eva qu'il aime tant... Qu'il réclame toujours à déjeuner avec une franchise enfantine.

La piété filiale va plus loin qu'on imagine. Les grandes racines que je vois à ma passion remontent par là.

Je l'ai dit, *Vieux Capitaine* est un accident de parcours ; le meilleur, mon père le mettait dans sa poésie. Comme ce poème de 1951 qui lui attira l'estime de Reverdy :

> j'ai cherché la transparence des pierres. j'ai voulu que les pierres pour moi deviennent transparentes et que moi pour elles je devienne transparent. pas la nudité des pierres mais leur transparence.
> je n'ai jamais jusqu'à présent connu d'état qui s'en approcherait même de très loin ou qui me laisserait espérer atteindre un jour cette transparence. pas la pureté des pierres mais leur transparence.
> j'aime les pierres parce qu'elles sont belles parce qu'elles sont simples parce que le mot pierre me plaît parce qu'on en voit partout parce qu'elles sont nues parce qu'elles sont pures et parce qu'elles sont transparentes. je n'aime pas la transparence du cristal. j'aime la transparence des pierres.

Les bonnes sœurs du couvent du Tarn où j'allais passer des vacances chaque année après la conversion de mes parents avaient fait inscrire l'incipit de ce poème sur une pierre translucide qui ressemblait à une part de gâteau. Je l'ai vue posée sur une planche de la bibliothèque qui servait de cache-radiateur pendant mon enfance. Je crois que mon père n'aimait pas beaucoup ce cadeau. Il préférait sa dactylographie conservée dans une chemise de bureau en toile écrue avec tous ses manuscrits, ou l'exemplaire jauni des *Cahiers du Sud*, revue dont il conservait plusieurs autres numéros et dont le nom imprimé sur la tranche m'évoquait la croix du Sud des romans de Jack London ou de Stevenson.

C'est Schuhl qui m'a fait estimer la valeur d'une dactylographie sur un papier décoloré, il partage avec mon père le goût des objets de peu de densité, fragiles, des feuilles volantes et aussi des collages de Schwitters. Peut-être un effet du soleil marseillais, souvenir de la spiritualité grecque.

Les imprimantes modernes ont fait disparaître ces manuscrits tapés à la machine sur des feuilles presque transparentes, décolorées au bord, dont certains caractères étaient parfois mal formés à cause de l'usure du ruban encreur ou d'un carbone.

Acheté chez Delamain au Palais-Royal, les *Chroniques du Bel Canto* d'Aragon en édition originale ainsi qu'un volume de Gaëtan Picon, parce qu'ils parlent l'un et l'autre de Reverdy. Je préfère le ton négligent et tendre des *Chroniques du Bel Canto*, l'amoureuse comparaison avec Nerval « Il y a chez Nerval bien des secrets perdus… », la vie réelle exprimée en une phrase sans retour : « Ô monde atroce. » Printemps 1946. Décidément, la guerre convient à la poésie. Maurras, Brasillach, de l'autre côté Aragon, Éluard et, pour l'atroce, la lettre du père de Roger Lecomte datée du 13 août 1942, lui refusant de l'argent : « Tu as voulu faire comme Rimbaud, tu as réussi à te ruiner la santé, tous tes amis t'ont lâché… »

La poésie de Reverdy m'a longtemps tenu à distance mais le pauvre Lecomte fut une passion fixe pendant ma jeunesse. La drogue jusqu'au bout comme les petites tapineuses de la Zoo Station de Berlin. J'ai placé très haut cette gloire-là et ce défi…

Est-il mort le secret perdu dans Atlantis ?
N'est-il pas vrai, ô mes Amis, qu'il y a beaucoup de notre faute dans la présente abjection des mondes

L'inspiration, c'est aussi l'enthousiasme de la révolte. Se retourner en soi-même contre le monde. Dans ma vie, il y a eu l'amour, le suicide, la drogue et l'écriture. Tout le reste fut du remplissage. Pas d'enfant, pas de famille. La merveille, c'est qu'il devient de plus en plus difficile de penser ainsi, l'air se raréfie. L'exaltation et l'inspiration procèdent du même principe. La valeur de la vie humaine, la mienne, celle de mes amis, celle de mon père, perd de sa valeur si je hausse l'âme au premier plan. Le trop grand prix qu'on accorde aujourd'hui à la vie humaine vient du matérialisme.

Qu'est-ce pour nous mon cœur...

Benjamin Peret aimait cela, les « longs cris », les « nappes de sang »... Il y a une violence dans le surréalisme, le goût des coups de revolver dans la foule. Mon père, qui fut trésorier du groupe anarchiste à Marseille, juste après la Libération aux côtés des Espagnols survivants des Brigades internationales, m'a dit le 11 septembre 2001 : « Ceux qui traitent de lâches les pilotes des avions-suicides sont des menteurs. »

J'ai traversé de mauvais moment entre l'adolescence et la fameuse soirée où l'inspiration m'a visité. Trente-cinq ans d'apprentissage inconscient. L'envie de suicide, les risques comptent double. Ce souffle, cette voix qui n'était pas la mienne passaient par un instrument longtemps silencieux dont je ne savais pas jouer. Le moment d'inspiration ressemble au jour où j'ai marché pour la première fois vers mon père qui rentrait du bureau, le jour où j'ai nagé, où j'ai tenu sur ma bicyclette. Ça tient debout, ça avance, ça marche.

Le cirque enfin gagné, le numéro répété qui devient facile, le corps qui agit tout seul. Il y a de ça dans l'écriture ; il n'y a pas que ça, mais cette liberté acquise à force de travail est la partie la plus compréhensible du mécanisme. Après l'élan, il faut savoir où aller, en marchant pour la première fois j'allais vers mon père. En écrivant les premières pages de mon anthologie, je lui échappai.

Négus était une petite chienne noire que ma tante Yvonne de Possel avait, pour s'en débarrasser, offerte à son jeune frère, André, âgé à l'époque de treize ou quatorze ans. Pendant la guerre à Marseille, la nourriture manquait, et Renée, une autre sœur de mon père, petite femme généreuse et dure, lectrice de Céline, bientôt mariée à un aviateur de la RAF, professeur de gymnastique obsédé de spiritisme qui finit cul-de-jatte puis suicidé la tête sous un train en 1970, décida en l'absence de mon père de faire piquer Négus, une bouche de trop à nourrir pour cette humaniste qui n'aimait pas les animaux.

Mon père en eut un grand chagrin. Mon grand-père, un vieux militaire, lui donna un peu d'argent pour le consoler, que l'enfant lui jeta à la tête : « Je ne veux pas de ton argent. » Avec cette petite somme, il acheta chez un bouquiniste les *Œuvres* de Rimbaud préfacées par Claudel. Ce fut une découverte fondamentale. Encore tout jeune, il commença d'écrire des poésies et de fréquenter silencieusement *Les Cahiers du Sud* d'André Ballard, entamant le court chemin qui devait le mener à vingt ans au surréalisme.

Il m'a raconté cette histoire pour la première fois l'autre jour à table. C'est à cet être sans défense, Négus, que je dois moi aussi d'être aujourd'hui ce que je suis, la capacité à mettre le réel sur un autre plan.

« Ce halo d'appréhensions et d'indices qui flotte autour de nos impressions et de nos actes » : ces mots viennent à Breton, dans ses entretiens radiophoniques, en pensant à Reverdy. Il parle du champ de sa poésie. Le champ d'une lampe :

Une ombre coule sur ta main
La lampe a changé ta figure
La pendule bat
Le temps dure
Et comme il ne se passe rien
Celui qui regardait s'en va...

La poésie des lampes, c'est d'éclairer quelques objets, un livre, une main, une table pour en laisser d'autres dans l'ombre. Mes parents n'aimaient pas la lumière électrique, nous restions dans le crépuscule jusqu'à la nuit presque complète, puis ils allumaient des lampes. Je me souviens d'une d'entre elles, un flacon blanc et bleu surmonté d'un abat-jour. Mon père lisait, ma mère écoutait parfois de la musique. Du Chopin, du Beethoven, du Brahms, beaucoup de piano. Mon enfance entière s'est passée entre ces lampes à jouer par terre. Parfois, rarement, des visiteurs : Édith Boissonnas, l'abbé Cognet, Eugène Guillevic, Mandiargues.

En Normandie, nous allions chez Nicole Cartier-Bresson, une amie de jeunesse de mon père rencontrée aux *Cahiers du Sud*. Le crépuscule, le ciel bleuissant pâle sur les arbres en ombres chinoises, une petite église abandonnée. Mes seuls amis furent mes parents et un petit cercle qui me paraît aussi ancien, d'un autre temps, que celui de Goethe à Weimar. Il y avait un autre poète, Yves de Bayser, et sa femme Clorette, Pierre Josse qui partageait la vie de Nicole, leurs amis, des Anglais, la première femme d'Henri, Elli Cartier-Bresson, Aniouta Pitoeff (la petite Aniouta qu'évoque Brasillach dans *Notre avant-guerre*) et même Lili, une jolie princesse malaise... Tous ne parlaient que de littérature et de politique. On criait, on riait beaucoup. J'entendais leur voix en m'endormant. Yves racontait des anecdotes, des histoires que j'aimais, autant que celles de Dickens, sur Suzanne Tezenas, Pierre Jean Jouve ou René Char. Ma grand-mère disait de Mandiargues et de mon père : « Ils rient comme des surréalistes. » Dans ma mémoire, leurs voix se confondent avec celle d'Ingrid Caven aujourd'hui. D'ailleurs, il y a les mêmes lampes, la même obscurité chez Schuhl. Ingrid, Jean-Jacques, Eva, Pierre Le Tan ont remplacé pour moi ce cercle que j'ai mis si longtemps à reconstituer. Pour combien de temps ?

Ce monde a disparu, les lampes se sont éteintes. Le soir où j'ai écrit les premières pages de mon premier livre, je ne savais pas que j'allais restaurer cette enfance qui fut ce que j'ai connu de meilleur, ces amis, cette poésie dont personne ne parlait vraiment ou peu, mais constituait le fond commun, comme les livres que j'ai toujours vus partout chez chacun et qui s'obscurcissaient dans l'ombre. Tel Peter Ibbetson, j'ai retrouvé la voie qui passe derrière les murs. Restent au seuil de ce passage mes parents, les lampes, les détails n'ont pas changé, et ce repère fixe, mon père.

Le sentiment qui me vient lorsque je regarde mon enfance n'est pas du regret. Quelque chose de meilleur que du regret. Une perspective qui comprend à la fois le regret et l'objet du regret ; ce n'est pas un manque, une absence, mais un paysage qui s'est éloigné et que je vois toujours. Il est là, hors d'atteinte et présent dans les lointains. Je ne le possède pas, mais il fonde ma vie et donne à chaque autre paysage son relief. Le bonheur s'est tenu pour moi pendant les années 1960 et le début des années 1970 entre les murs de cet appartement de la rue Dupin et aussi en Normandie au presbytère de Rideauville. La paix de certains samedis d'automne, quand maman repassait du linge en écoutant France Musique et que papa lisait sur son fauteuil dans un angle de mur fermé par deux bibliothèques, je ne l'ai jamais retrouvée avec personne, nulle part. Certains après-midi aussi chez Nicole en Normandie, de retour de promenade à l'heure du thé dans le salon avec les autres, les personnages de Dickens qui formaient mon entourage. J'entends encore les voix de ces morts, les projets du lendemain, une excursion, des courses : « Demain nous y irons acheter de la brioche au Vaast. — Elle n'est pas un peu étouffante ? »

Pour invoquer ces fantômes, il me suffit d'ouvrir un livre sur la gravure satirique anglaise, Rowlandson, non... pas Rowlandson, mais un autre caricaturiste, Cruikshank... *Monstrosities of 1822*. Le dandy ridicule au premier plan avec les culottes rayées gonflées comme des ampoules. Je l'ai vu tant de fois accroché au mur du presbytère en entendant leurs voix, qu'elles sont restées imprégnées, comme certains livres de ma grand-mère, d'un mélange de tabac, de Calèche et de pisse de chat.

Parfois, la poésie se mêle à mes souvenirs. Mon père surveillait mes devoirs. Je me souviens des récitations qu'il m'aidait à apprendre, « La Maison du berger », cet « amour taciturne et toujours menacé » qui était le mien, enfant, pour ceux qui m'entouraient, et puis aussi Hugo, les poèmes pour la mort de Léopoldine :

Elle montait à petits pas
Et me disait d'un air très las
J'ai laissé les enfants en bas

Les ombres du plafond, l'idée de la mort de mes parents m'obsédaient si fort que je n'en dormais pas la nuit.

Cela étant posé, l'avenir ne pouvait faire l'objet d'aucune négociation. Que désirer quand la barre a été mise aussi haut ? Sûrement la joie de reconstruire un monde à part grâce à ces livres que je sais si bien chercher et choisir depuis si longtemps que chacun d'eux m'ouvre d'un simple geste la porte de l'arrière-monde. Mes morts sont dans mes livres, je l'ai déjà dit, et je me souviens encore d'une ou deux soirées délicieuses en Champagne, passées sous une grosse couette épaisse d'autrefois à lire Barrès. Non que personne m'ait parlé de Barrès ou de l'Est – mon père n'a rien lu de lui, sinon *La Colline inspirée* –, les personnages de Dickens non plus, mais des amis d'amis, ces rencontres que je fais toujours bien après la mort des autres, des relations trouvées de livres, dans des notes, comme ces gens dont on vous donne le numéro de téléphone, et qu'il est parfois si agréable de rencontrer à Rome, à Londres, à Lisbonne ou à New York.

Je me trompe, j'ai connu le nom de Barrès par mon père à cause d'Aragon, d'un volume qu'Aragon avait tiré de sa bibliothèque, rue de Varenne : *Huit jours chez monsieur Renan.* Papa m'a raconté cette histoire plusieurs fois. Aragon lui montrant Barrès et lui disant qu'au fond il aimait toujours bien ça... Comme Breton un autre jour lui parla de Vielé-Griffin...

Le bonheur rend paresseux, il m'avait fait aussi détester l'école. Cette paresse confirmée par le goût de la beauté physique à seize ans, la lecture de *Dorian Gray*, les filles, les soirées... Je dis ça, mais, en même temps, quand il m'arrive de relire les bouts de journaux écrits à l'époque, je ne vois trace que de livres, de travail, d'antiques. C'est aussi vers seize ans que j'ai connu les très grandes émotions esthétiques toutes liées à la lecture des Décadents : Wilde, puis Huysmans, Jean Lorrain, Jean de Tinan... *Penses-tu réussir ?* Verlaine surtout et puis Toulet durant tout l'été

1978. Aucune émotion amoureuse, les filles je les traitais mal, comme Dorian Gray ou Jacques Rigaut, mon autre passion majeure, en tant que jeune homme. Il faut dire qu'il m'a fallu quelques années avant de trouver des filles intéressantes. Sortir du sixième arrondissement, du seizième, aller aux Halles ou au Palace. Là, c'était autre chose...

Je me souviens d'une petite Sud-Américaine qui habitait place François-Ier, puis ce fut Marceline, puis les filles de la nuit. Sade, Georges Bataille...

Mes premiers poèmes d'amour à dix-neuf ans pour Edwige :

Souviens-toi, moquette orange
Souviens-toi de mon bel ange

— C'est tout ce que je t'ai inspiré ?

C'est tout ce qu'elle m'a dit sur la piste du Palace. Première fois qu'un personnage se révoltait contre moi, et quel personnage.

Edwige est morte en 2015 juste après la sortie de mon livre *Eva*. Je le lui avais envoyé parce qu'il était question d'elle, on l'a retrouvé dans sa chambre, à l'hôtel Vagabond à Miami. Je ne saurai jamais ce qu'elle en pensait. Peu de temps avant sa mort, elle avait posté sur sa page Facebook notre photomaton, prise aux Halles en décembre 1979.

Trois ans plus tard, après avoir commencé de savoir un peu de latin, il y eut les travestis. Les Thaïlandaises... Des poèmes en prose, l'héroïne brune, la meilleure, celle qu'on achetait aux putes de la rue

Saint-Denis. Kay, puis un travesti plus violent, plus mystérieux, Lilith, rencontré chez Aldo, boulevard Pasteur.

— Tu fais quoi dans la vie, Lilith ?
— Je fais la pute.

Les gens dont une parole m'a frappé comptent dans ma vie parfois plus que d'autres avec qui j'ai partagé un toit. La réponse de Lilith à ma question stupide, c'est la vie, l'amour, la mort, le vide et le vent. Vint un poème en vers libres que j'ai reproduit deux fois dans deux livres. Et à la même époque en Toscane les poèmes pour Jayne Mansfield. L'inspiration naissait de l'émotion, pas de l'amour, non, mais du goût... C'est là que m'est venue cette phrase que j'ai replacée aussi plusieurs fois : « Toute aventure est éprise de sa propre ruine. »

« Je fais la pute. » Comment dire « Je veux être professeur ou journaliste » après cela ? Absurde. Absurde tout travail.

À cause de l'ombre de mon père, pour ne pas entrer en concurrence, j'écrivais des poésies pour rire. Des poèmes fantaisistes placés sous l'égide de Toulet, d'Henry Jean-Marie Levet et même de Georges Fourest. Un poème en latin de kitchenette pour la mort de Jayne Mansfield... Je cite en français avant mon affreux latin :

J'adore tes cheveux d'or sur ta tête arrachée
Ô mon âme...

Rutili tui adorantur a me
In capite capilli vulso
Ô mon âme

L'inspiration était légère. J'écrivais ça sur des bouts de papier, des premières pages de livre... J'ai une dactylographie de tout ça quelque part, j'avais même trouvé le titre du recueil : *Footit vexera Chocolat*. Deux clowns célèbres en 1900, citation des carnets de Jean de Tinan.

Me voilà bien loin de Virgile, plus proche de la Pannychis du Satiricon dont j'étais tombé amoureux aux Tuileries en lisant Pétrone sur un banc.

*

À cette époque, les personnages de Dickens vivaient encore, que pensaient-ils du jeune homme que j'étais devenu ? Nicole devait être soulagée que je ne sois pas homosexuel, mais elle trouvait mes conquêtes du Palace bien vulgaires. Les filles à choucroute, maquillées, c'était pas son truc, elle qui confondait Jeanne Moreau et Brigitte Bardot... Elle sortait de la résistance, de la grande bourgeoisie catholique, du communisme à dix-sept ans, alors Brigitte Bardot... les talons en python et vernis de chez Ernest, tout ça...

Édith Boissonnas, l'amie de Paulhan et de Michaux, la jolie blonde entrevue par Léautaud chez Florence Gould au Meurice, avait dit de moi dans mon dos : « Il est beau, Simon, mais pourquoi porte-t-il des chaussures d'Arabe ? » C'étaient les gégènes en daim des puces de Clignancourt.

Les seuls à faire le lien étaient les Mandiargues. Bona, encore très flamboyante, m'avait raccroché à la

Fiac pour me raconter les parties fines des années 1960 avec mes parents. Elle voulait faire un portrait de moi tout en blanc d'après une photo de Frédéric Pardo. j'ai appelé Pardo une fois, je suis tombé sur la voix de Dominique Sanda... quelqu'un de considérable... une star. Je n'ai jamais osé rappeler. Ni Bona... on m'avait dit (ma grand-mère ?) qu'elle griffait le dos de ses amants.

Il y avait contradiction entre les personnages de Dickens, le monde de mon enfance déjà presque évanouie et les incarnations violentes qui me tombaient sous les yeux, incarnations dont Edwige ou les travestis furent les seules que je saisis dans mes bras. Eva se tenait carrément dans une autre dimension, je l'ai dit ailleurs.

Mes études, cette formation naturelle de ma jeunesse, mon goût qui se fixait sur le libertinage, derrière Tinan, Toulet, Crébillon, Manon Lescaut... les poètes de bergerie comme Parny et l'énorme colonne, des divisions et des divisions, plusieurs milliers, une armée de lectures que je commençais à l'époque à collectionner, pour mon seul plaisir, en dehors de tout but concret.

L'inspiration revint de temps en temps, les rameaux noirs, la poussière...

*

Rouvert ce matin les *Chroniques du Bel Canto*. La même impression, embellie par les lectures faites depuis. J'avais oublié le passage sur les rameaux noirs, à l'origine de mon titre :

> « Les grands arbres aux rameaux noirs…
>
> Ce vers de Nerval, un des plus simples et des plus mystérieux de la langue française, il m'est arrivé d'y voir la définition de certaines poésies qui ont comme lui cette étrange vertu d'ombre et de rêverie… »

Je ne l'avais pas oublié, il s'était enfoncé dans ces zones d'ombre et de rêverie qui se mélangent avec la vie passée. D'où remontent les objets que l'inspiration secoue comme le vent. Plus on lit, plus on vieillit, plus ce fond s'assimile vite. Hier, j'ai parcouru à toute allure avec beaucoup de plaisir un vieux livre de 1902 (date gravée sur le dos de la reliure) l'*André Chénier* de Faguet.

> « Il faut absorber en soi l'Antiquité, se l'assimiler, la digérer et en faire son sang. Ensuite on pourra écrire, imitateur involontaire, sans imiter jamais, on sera "naïf" (naturel, spontané ; le mot n'a pas d'autre sens de 1500 à 1800) tout en étant inconsciemment imitateur. »

À vingt ans, je défendais cette théorie de l'imitation, sœur aînée de l'inspiration, attrapée au vol dans un cours de latin pendant ma première année de Sorbonne. Je trouvais chic l'idée de relancer l'*imitatio*, vieux poncif démodé depuis les bergeries en toile de Jouy de Lebrun-Pindare… J'aimais Lebrun-Pindare,

Parny, Desmoustiers... que j'avais tirés d'une anthologie des poètes du XVIIIe achetée quelques francs chez Gibert, parce qu'ils étaient dévalués, pleins de poncifs charmants et m'évoquaient les *Fêtes galantes* de Verlaine, Montesquiou, les Goncourt et le décadentisme.

Ce goût m'est resté jusqu'à mon premier livre où il y a de vrais pastiches, notamment dans les descriptions. Jean Lorrain par exemple, pour un défilé de mode à l'Élysée-Montmartre.

L'idée de Chénier, selon qui l'imitation vraie procède de ce qui est assimilé au sens organique, de ce qui fait partie de l'être au même titre que le passé ou l'enfance, est bien sûr plus profonde. Les Filles du Feu sont sous les Jeunes Filles en Fleurs de Balbec. Émilienne et Sylvie sont à Albertine ce que les morts du Breton Chateaubriand sont au Lorrain Barrès. La haute littérature se mêle à nos gènes ; la manière qu'avait mon père de parler devant moi de Sylvie, sa voix, le grain de l'émotion a plus compté que ma première lecture de Nerval.

C'est à partir de vingt-cinq ans que j'ai commencé à sentir tout cela.

Le Marcel à colonne Morris, ce saint Sébastien de l'émotion esthétique est tout simplement trop jeune pour apprécier la Berma, mais sa déception est celle d'un amateur usé, un vieux crabe de trente ans. Proust mélange le rabâchage postérieur avec la déception première. À vingt et un ans, j'ai vu des merveilles en Italie que j'ai complètement loupées, mais je m'en fichais tout aussi complètement. Ce farceur de Proust profite de l'âge improbable de son narrateur pour caramboler deux émotions non contemporaines. La déception du jeune homme devant le chef-d'œuvre, et la fatigue déliquescente de l'amateur qui s'use à jouir, écouter, voir sans produire.

Il est temps d'aborder des parages que je n'ai pas visités depuis longtemps. La lecture de Proust vers vingt-cinq ans m'a donné envie d'écrire en prose. J'avais mon ami chilien Francisco, un très bon lecteur dans quatre langues avec qui parler, j'étais à la tête d'un passé déjà amusant, je savais assez de littérature ancienne pour me donner l'illusion d'un avantage sur mes contemporains et j'avais surtout du loisir, car je ne faisais rien ou presque. Un après-midi, seul chez moi à Barbès assis sur un canapé vert hérité de Nicole, la machine à écrire mécanique (une vieille Remington portative noire) posée sur un tabouret de bois, j'ai écrit une première page, tout à fait bien, qui portait déjà en elle ce qui allait venir plus tard.... près de quinze ou seize ans pour être précis.

L'inspiration qui m'a porté ce jour-là est exactement la même qui allait donner l'impulsion des livres à venir. Même état, même sentiment d'une force extérieure, même joie extraordinaire.

La paresse seule m'empêcha de continuer. Une paralysie qui venait de mon enfance heureuse, de barrages dus à la présence paternelle, des plaisirs incessants que je connaissais avec ma femme. Nous étions dehors presque tous les soirs, toute une bande riche et fauchée que nous retrouvions de fête en fête, jusqu'à Cannes pour le Festival et l'été dans des maisons qu'on nous prêtait. Plusieurs années de suite à boire comme des trous, à danser, à voler des souvenirs... à nous baigner dans les piscines des autres...

Un hiver, j'ai vendu à la salle Drouot une lithographie d'Hundertwasser que ma grand-mère m'avait donnée et je me suis acheté un billet de train pour Séville. J'avais décidé d'écrire mon livre là-bas. Il s'appellerait *Le Bal des ardents*, c'était déjà l'histoire d'un bon à rien drogué qui fait le gigolo dans les boutiques de luxe du Faubourg-Saint-Honoré. Tout commençait devant chez Hermès.

La bête mord.
Je le vois à la raideur de son dos et même au détachement hautain qu'affirme sa petite oreille. Dorénavant elle fera comme si de rien mais elle vérifiera qu'on s'attache à ses pas. Chaque vitrine lui permettra d'assurer sa touche et de mieux dominer mon allure. Jusqu'au moment où, quand nous l'aurons décidé de concert, il me faudra faire front. Alors nous verrons mais il sera toujours trop tard. Pour peu qu'on y prenne garde – a fortiori si l'on y joue son train de vie il est facile d'élire dans la foule l'objet d'un amour soudain autant qu'éperdu.
Amour est peut-être un peu fort mais cette attention jalouse comme lui ne souffre pas d'écart et si cet égarement faillit à celui de la fourrure ou de la coiffe choisie dans la foule, ce n'est jamais sans un pincement de cœur. Son vison est à moi derrière tous les dos, les seins, les parapluies. De toute façon, je la serre de trop près pour la perdre. Elle s'arrête. La vitrine

d'Hermès est pleine de choses d'un vert irréaliste. Reflété parmi la rue son œil guette et feint. On dirait qu'elle ne pense qu'à une paire de chaussures verte en cuir d'autruche et le pire, c'est qu'elle ne pense vraiment qu'à elles. Hors de ses pensées, mes épaules ne s'attachent qu'à son dos raide. Elle ne feint pas, elle est double. Comment faire face à son retournement ?

Voilà la première page. Muni de ce passeport, je pris le train de nuit pour Madrid où je me fis draguer par un prêtre brésilien très drôle en blazer.

À Séville, je trouvai une petite pension à 50 francs dans le quartier de la Santa Cruz. J'y restai un mois derrière une jolie grille torsadée à forcer mon talent. J'écrivais le matin, trois lignes, et l'après-midi j'allais dans les jardins de l'Alcazar tout proche jouer avec les chats.

De retour à Paris, je rangeai dans un tiroir mon manuscrit d'une vingtaine de feuilles, je continuai une vie de bâton de chaise.

Un soir d'ivresse avec ma femme, le Chilien et quelques autres, nous nous amusâmes à peinturlurer les murs de l'appartement. Je dessinai un grand diable rouge en érection qui poursuivait une nymphe toute nue. Tout le monde applaudit. Me voilà peintre pendant dix ans. Je laissai dormir *Le Bal des ardents*, rebaptisé *Tod und teuffel* en hommage à Dürer, ma nouvelle passion. Obsédé par le dessin, je m'entraînais à reproduire des brindilles à la plume, puis réussissais de manière étonnante de gigantesques copies de Rubens ou de Léonard. Les paysages au fond des tableaux étaient le plan où j'aurais voulu vivre désormais comme un personnage de Patinir, maître du bleu et des confins. Je courus les musées, j'achetai par dizaines pour quelques francs toute une masse de vieux livres d'art illustrés d'héliogravures que je regarde encore parfois pour me reposer l'esprit devant le feu quand la nuit tombe. Ai-je perdu mon temps ? Je ne le crois pas. Ces heures furent heureuses, la peinture telle que je l'ai pratiquée, en haine de l'art contemporain, m'a donné des émotions de sacristie. Toute la part religieuse de ma personnalité trouvait dans ces activités manuelles une communion avec la nature que j'ai perdue en écrivant.

Ma première peinture était inspirée par les fresques de la villa des Mystères. De là date peut-être ma vieille fascination pour les cultes thraces et l'orphisme. En tant que catholique j'ai la foi du charbonnier, je crois au jugement dernier et à la résurrection de la chair. En tant qu'esthète, j'ai depuis cette époque la capacité à passer d'un plan dans l'autre, le monde de Patinir, les forêts allemandes d'Altdorfer, la pénombre pleine d'objets cachés de Rembrandt, les tapis peints par les vieux maîtres franco-flamands existent pour moi autant que la réalité. Il suffit que je sois au Louvre pour passer de l'autre côté, si je ne vois pas la campagne je rentre encore aujourd'hui dans un Corot, comme le docteur Mabuse dans le mur de sa prison. J'ai acquis cette faculté merveilleuse de changer mes atomes et de les mélanger avec le monde des figures. De cette époque où j'étais prisonnier du passé, à force de contemplation j'ai gardé comme un personnage de Borgès le secret de déchiffrer l'écriture dans le pelage de la panthère. La contemplation m'emmène plus loin que les rencontres. Je dois à la peinture et à l'enfance heureuse qu'elle restaura en moi un peu de cette folie illusionniste bien utile pour le roman.

*

Je reviens à 1988 ou 1989. Bientôt les tableaux anciens m'ont donné envie de m'installer à la campagne. Mais j'étais trop fauché pour envisager de quitter mon appartement. La peinture exige de la place. Deux ou trois ans passés à Paris dans un appartement exigu entre les piles de vieux livres d'art, les pinceaux, les pigments et les grands papiers fixés aux murs avec des semences de tapissier, dans une odeur de térébenthine me firent remonter le temps jusqu'au XIXe siècle. On se chauffait avec du bois ramassé dans la rue. Je ne sais plus comment ma première femme s'arrangeait avec ce désordre ; mal, sans doute. Nos disputes tournaient autour de l'argent, du chauffage cassé, des douches à l'eau froide prises dans les toilettes à l'italienne. Certaines scènes beaucoup plus violentes éclatèrent à la suite d'une infidélité. L'immeuble où nous vivions datait de 1840. Il ouvrait sur la rue par une grande porte cochère. Je me souviens de m'être battu avec Anne dans l'entrebâillement. Elle cherchait à s'enfuir à vélo pour rejoindre son amant en pleine nuit. Ma souffrance trouva sa consolation dans un dessin à la pierre noire, de très grand format, que j'ai longtemps gardé, et dont un fragment se trouve encore quelque part dans mes réserves. Transposer cet épisode en grisaille, y faisant remonter mon goût pour les bas-reliefs antiques – je pense à un trésor du Louvre qui représente Orphée et Eurydice – me donna pour la première fois l'impression de toute-puissance, celle de dominer ce qui me faisait mal en le transposant dans un autre plan. Je dessinai avec une parfaite ressemblance le visage de celle que je croyais perdue. J'avais l'impression de ne l'avoir jamais si bien possédée. L'ordre de cet autre monde obéissait aux lois millénaires de l'art classique, archétypes corrigés, rendus vivants par les difficultés que je rencontrais à atteindre cet idéal. La naïveté qu'André Chénier veut trouver dans l'imitation provenait d'abord de mes lacunes techniques. Je me sentais comme ces Mérovingiens qui n'ignoraient pas les réussites de l'Antiquité, mais tâchaient de les imiter avec les moyens du bord. Une pierre noire, une craie blanche, un peu de vernis, du papier d'emballage en kraft acheté au rouleau chez le papetier.

J'avais affiné mon goût. Je voulais dépasser la Roberte de Klossowski. Mon orgueil visait plus haut. Mes maîtres furent dès lors Mantegna, Vinci, Pollaiuolo, Signorelli, Castagno ou Crivelli. Tous ceux qui copiaient les bas-reliefs des tombes romaines retrouvant ce que le vieux Berenson, ce grand-père dont ma chère Marisa a aperçu enfant la barbe blanche, appelait les « valeurs tactiles ». Mes thèmes : Orphée et Eurydice, Adam et Ève chassés du paradis terrestre, l'enlèvement des Sabines... Centaures et Lapithes... Tout ce qui me permettait de répéter ce geste que j'avais eu de retenir Anne qui s'enfuyait. Une fois encore, j'avais le sentiment d'être de plain-pied avec des hommes d'un autre âge. Orphée ou Adam n'étaient pas simplement des mythes ou des archétypes, mais mes prochains, mes frères. Car cette nuit-là, sans que je le sache, s'était joué mon avenir. Nous n'aurions jamais d'enfant, j'étais passé de l'autre côté. Ou plutôt avais-je glissé un bout de bras et coin de regard dans un monde qui se révélait plus dur à prendre qu'une femme furieuse glissée dans une porte cochère ouverte sur la nuit.

*

Au bout du compte, je partis pour la campagne, Anne me quitta ; aimé d'une autre femme, je construisis mon atelier non loin de Nemours dans un pigeonnier du XVIIe siècle, une tour obscure même en plein jour. La maison – située « impasse de l'Écritoire », ça ne s'invente pas... – avait accueilli avant nous Colette de Jouvenel, dite Bel Gazou. Fille de Colette que l'auteur des *Chroniques du bel canto* mettait si haut, sans doute à cause de la *Fin de Chéri*, ce parent d'*Aurélien*. Il existe une belle photo de Bel Gazou par Raymond Voinquel. Devenue antiquaire lesbienne, elle faisait un usage intense des seringues hypodermiques dont nous retrouvions sans cesse les cadavres rouillés en plantant les rosiers.

J'avais dû changer de modèle et de méthode. Celle que j'adoptai jusqu'à la fin de ma carrière de peintre était inspirée de Léonard de Vinci. J'improvisais dans un jus de terre de Sienne des figures au hasard, y faisant remonter petit à petit une révélation mystérieuse, comme un devin dans le marc de café ou un aliéné dans une tache de Rorschach. Le sujet se formait toujours autour d'un couple enlacé ou se déchirant, parfois une maternité suspecte ; j'étais resté fidèle à mon thème primitif, déjà présent dans le diable rouge et la nymphe.

À l'occasion de ma première exposition en 1995, j'écrivis quelques phrases de présentation que je reproduis ici :

> Comme je m'interdisais pour des raisons personnelles de représenter le visage de mon ancien modèle, j'ai eu recours à un vieux subterfuge pictural : le clair-obscur. Le propre de l'obscurité étant de susciter le mystère, ma manière de dessiner s'en trouva modifiée.
> Au lieu d'aller du clair à l'obscur je me mis à faire l'inverse, privilégiant la pénombre je délaissais le trait ou du moins je le soumettais à une interprétation de taches hasardeuses. Cette technique me permettait en outre de progresser dans l'anatomie de mes personnages, puisque en quelque sorte les corps m'apparaissaient sans être préconçus.
> D'ailleurs toute la part de maladresse qui rend mon dessin « emprunté » représente la part de volonté consciente dont il est encore la trace.
> C'est que l'autre, l'apparition, « celle qu'on n'attend pas », ne s'est pas montrée franchement. Soit que mon effort d'aller du clair vers le sombre puis de revenir du sombre vers le clair-obscur n'ait pas été accompli complètement, soit tout simplement que se sentant attendue l'autre n'ait pas voulu faire signe.

Le ton de ce texte lui donne avec le temps un relief très fort. Le mot « apparition » employé ici pour la première fois, l'allusion à cette autre, « celle qu'on n'attend pas », provoquent chez le paranoïaque qui sommeille en moi un trouble rétrospectif. L'une des peintures reproduites dans cette brochure montre une enfant sur les genoux d'une marâtre qui la dévoile. L'enfant masque son visage, un œil seul apparaît. Je n'ai jamais revu cette préfiguration d'Eva depuis vingt-deux ans, mon galeriste l'a vendue à un client israélien, directeur de théâtre à Jérusalem.

« L'autre qu'on n'attend pas » est un centon de Roger Gilbert-Lecomte, car je continuai de lire à cette époque et de collectionner cette masse de bouquins qui attendaient de servir un jour.

Vous vous trompez je ne suis pas celui qui monte
Je suis l'autre toujours, celui qu'on n'attend pas

Il est temps de parler de mon frère.

Avant d'en venir à mon frère Alain, j'ai vérifié hier soir dans l'excellent *Oscar's Books* de Thomas Wright (Chatto & Windus, 2006) la liste des livres demandés par Wilde en prison. *Madame Bovary* n'y figure pas. Ma source (Robert Merle dans sa curieuse thèse sur Wilde éditée par Queneau) se trompait. C'est *Salammbô* que l'auteur de *Salomé* avait demandé et qui lui fut refusé à cause de l'affaire *Madame Bovary*. Les prisons victoriennes ne permettaient pas aux détenus de lire n'importe quoi, le règlement n'est pas sans évoquer celui de la Trappe. L'interdiction de parler ou d'échanger des signes entre prisonniers, chacun vivant isolé dans une cellule particulière, me paraît moins dure que les conversations stupides et les télévisions des geôles d'aujourd'hui. J'ai regardé les listes de livres demandés et obtenus par Wilde à part *Salammbô,* Oscar ne voulait lire que des classiques, à commencer par son vieux lexique datant du collège, le fameux Lidell & Scott, Rolls-Royce des dictionnaires grecs dont nous parlait souvent mon professeur de quatrième à Stanislas.

J'avais cité ce livre à mon père... Je me rappelle qu'il en a rêvé devant une vitrine de librairie, peut-être celle de la Procure du Clergé, comme Eva aujourd'hui sur les catalogues de ventes de vieux vêtements de haute couture. Il fallait avoir de l'argent pour acheter le Lidell & Scott et puis aussi savoir l'anglais ; ce n'était pas le cas de mon père, dont le salaire suffisait à peine à notre entretien.

Sans la mort de mon frère, je n'aurais pas vu le jour. Alain, le premier-né de mes parents, mourut en 1958 à l'âge d'un an.
C'est Aragon qui a convaincu mes parents de l'opportunité d'un second enfant, et c'est donc à Aragon que je dois beaucoup. Cette circonstance m'a été révélée très tôt, vers dix ans je crois, elle m'a donné le recul nécessaire pour prendre la vie avec légèreté. Aragon, « l'arlequin » comme l'appelle Léautaud, m'a toujours plu tout en m'intimidant parce que je ne comprends pas parfois ses plaisanteries. C'est un parrain troublant.
J'ai parcouru hier le livre d'Aragon qu'a édité Gaétan Picon dans sa collection « Les sentiers de la création » chez Skira, un bouquin qui appartenait à ma grand-mère et que je traîne avec moi depuis bientôt quarante ans.
Comment je n'ai jamais appris à écrire ou les incipit est un livre de vieillard. Sa légèreté méprisante de Narcisse prend une coloration un peu trop mondaine. C'est triste à force de vouloir passer pour gai. Je n'aime pas ses romans et la rapide parade qu'il leur fait passer dans ce livre, au pas de course comme les soldats italiens, me déprime, ses références à Raymond Roussel, pourtant avérées – ce sont les surréalistes qui l'ont mis là où il est –, semblent des clins d'œil à la mode struc-

turaliste des années 1960, Foucault et Cie... Pourquoi finir sur Beckett ?

Il paraît si content de lui, de ses soldats de plomb, et en même temps si négligent à l'égard de ceux qui l'ont fait vivre (les lecteurs communistes des grands romans) que la profondeur sensible de l'auteur des ballades allemandes a l'air d'appartenir à un autre être, un autre moi qui ne serait plus là. Mort avant l'autre. Disparu comme Perséphone en hiver... *Il n'en est jamais revenu...*

L'inspiration qui m'a fait naître, ce souffle de la parole – « Ayez un autre enfant » – m'a-t-elle transmis cette légèreté ? Parfois, ce fut une force – c'en est une encore dans les épreuves –, qui peut avec l'âge se transformer en faiblesse. Mandragore née de la bouche d'Aragon, autre toujours, celui qu'on n'attendait plus, je ne me montre pas très fiable, ni trop fidèle... mes amis en ont souffert. Et les haines féroces que j'ai soulevées chez des êtres qui m'étaient proches viennent de ce manteau d'Arlequin dont j'ai peut-être hérité.

Petit garçon, au retour de promenades au Palais-Royal où j'allais admirer les médailles militaires, mon père me jouait dans ma chambre des spectacles de marionnettes. Arlequin... Colombine... je me souviens mal de Pierrot. Il y avait une vitrine du côté du passage vers la rue de Montpensier où il me semble avoir vu sur un grand pantin de bois un habit d'Arlequin avec les losanges de couleurs et ce chapeau triangulaire que j'ai cru plus tard retrouver sur Bonaparte, l'idole de mes dix ans.

Joseph de Maistre, je le note avant d'oublier ; je suis tombé hier soir sur une citation du *Mémoire au duc de Brunswick*, passage ayant trait aux mystères d'Eleusis.

> Il est à peine nécessaire de remarquer que l'initiation grecque était fille de l'Égyptienne, et dévoilait les mêmes dogmes. Diodore, Hérodote, Pausanias ou, pour mieux dire, tous les Anciens, sont d'accord sur cet article. Or il y a grande apparence qu'une des vérités principales qu'on apprenait dans les mystères d'Eleusis était précisément celle que les prêtres égyptiens, selon Plutarque, enseignaient de toute antiquité : savoir que les dieux du peuple avaient été des hommes.

Je laisse ici un des auteurs que je préfère, j'y reviendrai. Je reprends mon histoire.

La mort d'un enfant en bas âge aurait été quelques années plus tôt, avant la guerre de 14, une tragédie ordinaire ; elle prenait à l'âge des vaccins, dans les déjà douillettes années 1950, une dimension plus cruelle. Un fait divers, presque un meurtre. L'intensité des peines augmente à mesure que celles-là se font plus rares. Les temps de paix sont plus pessimistes et doloristes que les temps de guerre. Rien de plus mélodramatique qu'une famille tranquille... Chez mes parents, la mauvaise conscience ou comme on dirait maintenant la culpabilité vint s'ajouter aux douleurs morales.

Je fus donc un enfant très protégé et très soupçonné. Le poids de la faute passée venant s'ajouter aux inquiétudes ordinaires. D'où peut-être un certain manque de confiance qui me fut lourd à porter. Allais-je tomber dans un puits ? Mourir du croup ? Devenir fou ? Drogué ? Prostitué ? Me suicider ? Commettre un crime atroce ? Un parricide ? Tout était possible au vu du mauvais tour que mon prédécesseur avait joué à ses parents. Et comme j'ai toujours plaisir à faire au moins un peu ce qu'on attend de moi, j'ai donné dans la farce. Ce frère mort n'est pas pour rien dans mes égarements. Et j'ai souvent pensé à lui en redescente de came, au bord du gouffre à l'hôtel ou ailleurs… À une époque, chaque déjeuner de famille se terminait chez le dealer. Je me souviens avoir trinqué seul devant le miroir, rue de Beaune, dans ma suite overdose, un doigt d'eau de Cologne, vers 11 heures du matin, à sa santé, chère créature des limbes.

Le 20 avril 2007, la commission théologique internationale de l'Église catholique romaine a condamné le concept de limbes comme une vision « trop restrictive » du salut dans un document intitulé « l'espérance de salut pour les enfants morts sans baptême ».

Cette fermeture administrative m'a troublé davantage que certains événements contemporains. J'étais jaloux de ce transfert au paradis qui me paraissait un peu facile, alors que moi…

J'ai pour habitude de justifier mes méfaits par ce secret de famille bien commode. Mon pauvre double absent dont le corps a été disséqué par la médecine m'apparaît aussi comme la cause d'une autre bizarrerie à la Janus : à une époque de ma vie, j'avais deux maisons, deux femmes, deux voitures, deux métiers… Cet état n'a pas survécu à l'avarice de mes livres et surtout à l'invention d'Eva, mais il me reste quelques séquelles, comme, à l'instant où j'écris ces lignes, de continuer à réfléchir dans un coin de mon esprit sur Maistre et les mystères éleusiniens tout en étalant mon roman familial.

Sournois, le mot provençal « sourne » voulait dire sombre, obscur, dissimulé. Il n'a pris que plus tard la nuance morale et péjorative qu'Eva m'applique parfois. Ce cours souterrain, cette part d'ombre m'apparaît à me relire, très visible dans cet essai qui m'occupe depuis quelques semaines. Je me trouve en présence d'un véritable « système » au sens employé par les géographes pour les fleuves... le système des oracles, de l'inspiration et des mystères de l'en deçà, pour ne pas dire de l'au-delà dont j'ai fait mon sujet. Certaines îles de ce système furent des hommes.

Nerval, j'ai lu Nerval à plusieurs époques de ma vie. La fois qui m'a le plus marqué me ramène rue de la Tour dans un laboratoire médical qui me payait pour faire des « protocoles », c'est-à-dire jouer les cobayes pour des expériences. Les filles du feu me tinrent compagnie pendant les heures d'attente. On attend beaucoup dans ce métier tranquille, comme en garde à vue, au RMI ou au service militaire. Le grand mystère de Nerval, c'est sa simplicité. La lumière de *Sylvie*, l'espace qu'elle ouvre entre les choses est incomparable. Ou plutôt si, le mot est mal choisi, car cette lumière se trouve ailleurs. Dans l'ailleurs qui peut s'ouvrir à chaque instant. Je me revois en salle commune, couché sur le dos au milieu d'autres crétins de bonne famille, d'authentiques bons à rien qui attendaient comme moi la visite de l'infirmière. J'étais avec Sylvie, Adrienne, le vieil oncle, l'omelette au lard dans cette lumière sous cette treille, la même... toujours la même. Celle des *Chimères*, celle de l'autre monde.

Je connaissais la maison de Sylvie, j'étais sûr de l'avoir visitée dans une autre vie. L'atmosphère très particulière de la rue de la Tour, de ce seizième arrondissement qui lévite et touche à l'autre monde par plusieurs points, la maison de Balzac, la chapelle de la rue de l'Annonciation, m'ouvrait les portes du Valois. Le Valois de Gérard de Nerval, l'autre monde, je le répète sans lassitude, où je vis désormais avec Eva. Le seul texte de René Daumal que j'ai pu lire en frère, c'est *Nerval le Nyctalope*. Dans cet article du *Grand Jeu*, il dit tout, sur *Aurélia*, sur la mort, sur lui-même et sur moi. Tout est vrai dans quelques pages inoubliables. Le pythagorisme de Nerval, instinctif, poétique et si profondément vécu, le met en contact avec l'orphisme. J'ose affirmer que la lumière de *Sylvie* est celle que mon âme a connue autrefois et qu'elle retrouvera bientôt, avec joie.

*

À propos d'*Aurélia,* j'ai le sentiment d'une épaisseur matérielle devant ce livre. Rien d'une confession ou alors d'une confession récrite par-dessus des collages plus anciens. Un délire qui serait venu glacer toute une pile de documents, de notes, d'ébauches. L'organisation venait après, mais la masse des visions, des automatismes, des associations était antérieure au délire. En psychopathologie, les peintres fous n'ont que peu de rapport avec les fous qui font de la peinture. L'extravagant compilateur d'idées mortes qu'était Nerval accumulait des forces occultes dont certaines ont aggravé son état, mais l'électricité créatrice allait naître de la crise. Agités, illuminés, les idées, les souvenirs, les intuitions, les expériences de bibliothèque « prennent », se composent à la chaleur du délire. Dans *Aurélia*, l'inspiration est antérieure à la folie. Il y a fabrication à partir de données préalables.

Les premières rédactions sont plus anciennes que la crise de 1841, mais à l'époque les descriptions hallucinées n'étaient pas organisées ou distribuées comme elles le seraient dans le texte final. C'est la crise qui a ordonné un matériel artificiel. La flamme du délire chauffe le palimpseste occultiste pour en faire un bloc vivant : Aurélia. L'entrain diabolique du maniaque et les souffrances de l'interné transforment l'imitation en quelque chose de neuf. Lorsque Nerval se déshabille dans la rue pour suivre l'étoile, il passe de la bibliothèque dans l'autre monde et en même temps il imite ce qu'il avait vu et déjà décrit au préalable.

Levons l'ancre... Joseph de Maistre est attaché à l'archipel des Açores, cette petite Atlantide située à mi-chemin de l'Europe et de l'Amérique. Bizarre endroit pour lire, en trois nuits d'insomnie, *Les Soirées de Saint-Pétersbourg*. J'étais là en vacances pour une semaine avec M, au cœur de notre vie commune. La belle bâtisse où nous habitions avait été trouvée par Puck, un ami de M, sosie auvergnat de Truman Capote dont il avait les mœurs et l'élocution.

La maison que nous avions louée appartenait à une aristocrate allemande qui l'avait aménagée comme résidence secondaire dans les années 1960. Le mobilier de famille se mélangeait avec des accessoires d'un moderne daté, même le téléphone semblait sorti d'un roman de Louise de Vilmorin. L'esprit néoclassique des gravures et des silhouettes accrochées aux murs témoignait d'un autre temps, celui de Bettina von Arnim. Le tout sentait l'humidité, cette fine et entêtante odeur de moisi des locations de vacances. Deux domestiques insulaires, antiquités moustachues peu loquaces, nous préparaient une cuisine incertaine, éclairée par un riz au lait délicieux parfumé de fleur d'oranger. Puck et moi faisant notre ordinaire de cette merveille, M boudait un peu : la mer était inacces-

81

sible, les restaurants portugais médiocres, la nature quoique très ordonnée restait aussi bizarre que dans une peinture de Richard Dadd, le peintre fou. Partout des petites routes pavées bordées d'hortensias bleus, des sous-bois mystérieux et fouillis peuplés de fougères arborescentes et d'une désagréable fleur jaune, originaire de Nouvelle-Zélande, débarquée lors d'une escale et qui a envahi tout l'archipel.

Je me souviens d'une photo en noir et blanc prise sur Minox où M. Puck et moi posions en short militaire au milieu de cette végétation fantastique ; Puck, sous une fleur jaune grosse comme un tournesol, ressemblait à un lutin qui aurait mis des lunettes noires.

Je me rappelle aussi que nous allions lui et moi jouer les baleines dans les *piscinas naturais*, grands bassins taillés dans le rocher où l'océan ralenti avait moins de ressac. Puck s'enroulait dans sa serviette comme Brigitte Bardot et allait, roulant des hanches sous sa sortie-de-bain improvisée, nous acheter des glaces en cornet au camion, imité par une file de petits enfants chasseurs de cachalots, garnements émerveillés qui n'avaient jamais vu de nain aussi drôle. Le tout dans un décor d'usine maritime. L'ambiance pasolinienne de ces sorties était compensée par des retraites que je faisais pour bercer mes insomnies dans une tour carrée de la maison, un ancien pigeonnier devenu salle de musique, où j'alternais la *Walkyrie* de Richard Wagner et Joseph de Maistre. La lecture des *Soirées de Saint-Pétersbourg* sous les grosses étoiles d'août, au milieu de l'océan, fut un des plus aimables loisirs que je me rappelle, d'un âge où je formais encore mon esprit sans savoir pourquoi.

Le contenu ésotérique de Maistre, la onzième soirée, dont j'avais entendu parler par mon père, quoiqu'il ne l'ait jamais lu, m'attirait comme un aimant, mais je ne trouvais nulle part la cause de cette attraction. Le noyau de ce beau livre est si serré dans la chair de la prose, l'élégance très XVIIIe finissant des dialogues, que l'illumination vint de moi avant de venir de Maistre. Je crois que c'est le propre des livres initiatiques et de la haute poésie de nous inspirer ces amours sans cause qui n'en sont que plus vifs parce qu'ils sont immotivés. J'ai aimé Maistre avant de le comprendre. J'aime les *Chimères* avec la même piété pleine d'égards.

Sauf que Maistre parle rude comme un héros de Sade et qu'il se laisse aborder par les paradoxes les plus flamboyants qu'il ne m'avait jamais été donné de lire depuis *La Nouvelle Justine*. Je pense à l'éloge du bourreau, mais surtout à ceci : « La guerre est divine » ou à cet autre pire sur l'« enthousiasme du carnage »... Enchaîné sur un troisième selon quoi la pitié est une vertu militaire et non civile. Série de fusées de la septième soirée que l'historien Albert Sorel mettait directement en relation avec *La Guerre et la Paix* de Tolstoï et le prince André Bolkonsky, héros de mon enfance. Le prince André parlait sous l'influence des *Soirées*. Il y a un lien secret entre le nihiliste Tolstoï et le prophète du passé Maistre, entre mes soirées d'autrefois et celles des Açores. Aux Açores j'ignorais ce passage souterrain que je devais découvrir des années après.

Une forte émulation sans objet me montait à la lecture de certains passages, comme ce besoin d'aimer qui préexiste chez les jeunes adolescents éduqués dans des collèges sévères, sans la présence d'un quelconque objet à portée de vue. Je goûtais *Les Soirées* en écrivain qui n'avait pas encore appris à écrire. Dans la longue formation encore en cours, il fallait ainsi des rencontres prometteuses d'un avenir différent.

*

Je n'oublierai pas l'émerveillement plus paisible que me procura le premier chapitre… La belle soirée d'été où les amis partent dans la maison du comte. Les quais, le soleil qui se reflète dans les vitres des palais… *Le Chant du nautonier.*

Cette *veduta*, unique dans l'œuvre de l'austère philosophe, serait d'après Sainte-Beuve l'œuvre du frère de Joseph, Xavier.

J'ai retrouvé dans un poème de Baudelaire, « Parfum exotique », un pendant de ce paysage. À mille lieues de Saint-Pétersbourg. Preuve que l'âme circule assez librement dans l'espace. Le sein de la négresse Jeanne lui évoque une île paresseuse où les tamariniers viennent rimer avec le « chant des mariniers ». Ce chant est l'écho des « nautoniers » de Maistre. J'en suis certain… Une réminiscence inconsciente… Involontaire preuve que l'émotion présente, le sein de Jeanne, est en liaison secrète avec un plaisir de lecture, une chaleur solaire que j'ai moi-même ressentie il y a déjà longtemps, dans ces îles bizarres, montagnes émergées de l'Atlantide à la lecture des *Soirées*. C'est l'émotion de 1850, fixée par la poésie, qui réactualise le plaisir de prose de 1999 dans l'homme de 2017. Le temps sans âge de Damascius…

C'est dans un volume de Baudelaire préfacé par André Suarès que je trouve « Parfum exotique ». La préface est, comme toujours avec Suarès, intempestive, par moments comique et d'une vraie profondeur. Son manque de tact lui donne de la force. Il dit de Baudelaire qu'il est l'auteur le plus lu au monde et compare sa fin à celle de Nietzsche : « Il découvre Edgar Poe et fait sa gloire ; il est atteint de paralysie générale et il meurt hagard, toujours lucide, la langue inerte avant le cœur, muet, toujours pensant, le plus malheureux et le plus abandonné des hommes : à peu près comme Nietzsche. »

Le bout du rouleau... J'avais un ami mentalement malade qui prétendait n'être jamais vraiment au bout du rouleau. Il en restait d'après lui toujours un peu. Cette parole me sert encore de viatique en cas de malheur.

> *Je ne crois pas à la volonté*
> *ni aux efforts conscients en poésie. à mon avis*
> *il ne faut pas chercher à changer sa poésie*
> *mais se changer soi-même*
> Le livre de cuisine, AL

> *Si le cuivre s'éveille clairon il n'y a rien de sa faute.*
> AR

Contrairement à mon père, je n'aime pas Rimbaud. Plus exactement, je n'arrive pas à l'aimer. J'ai fait des efforts plus d'une fois, mais quelque chose en moi reste à l'extérieur. J'allais dire : comme l'Ancien Testament. Je ne suis pas le premier à faire l'association. Il y a une ardeur biblique dans les poèmes de Rimbaud qui éveille ma froideur depuis l'adolescence. Dans la Bible, dont j'ai souvent lu des extraits à voix haute le dimanche pour la grand-messe de Saint-Sulpice, j'ai du mal avec les prophètes, les rois… Mardochée… Même Yahvé… La force du Verbe n'est pas en cause, il s'agit d'une gêne due pour partie à la morphologie des noms propres. Même sur les légendes des tableaux anciens. La langue me déplaît à la vue et à l'oreille.

Les patronymes grecs me font le même effet. Au fond, mon cœur est à Rome, la consonance des dieux latins sonne mieux à mes oreilles... Je préfère Vénus à Aphrodite, Pluton à Hadès et tout le monde à Yahvé. J'ai du mal avec les « h ». Avec Racine aussi, à cause d'Athalie et de tout ce folklore oriental. Et puis j'aime l'indifférence, le narcissisme des immortels.

Le Nouveau Testament ne m'enchante pas non plus... Mon catholicisme est romain ou vernaculaire. J'aime le latin, la liturgie, Joseph de Maistre. Je suis un idolâtre déguisé. Je partage le fétichisme des paysans du Moyen Âge. Les anciens temples de Diane, même les statues d'Isis du moment qu'elles sont converties avec des dentelles sur la pierre noire et s'appellent Notre Dame... Dans la religion catholique, en dehors des statues, c'est l'ordre qui me plaît, l'autorité, la hiérarchie, l'Inquisition espagnole plus que la Révélation. J'aime Bossuet, Chateaubriand, Huysmans. Quant à la mystique allemande, je n'y comprends rien.

Et Rimbaud ? Je me méfie du voyou, du mystique à l'état sauvage. Il me rappelle ma jeunesse, les chevelus en bottes camarguaises qui se prenaient pour Jim Morrison. Et puis il y a Claudel dans l'affaire, qui m'assomme.

Le côté grossier de Rimbaud me laisse indifférent. Comme l'insolence des enfants. Alors qu'une vieille marquise un peu dévote... Les ex-voto, les dentelles, le traditionalisme, les os dans les reliquaires...

*

Cette question de Rimbaud et de la Bible n'est pas négligeable. Ma résistance au lyrisme et à la religion hébraïque est un trait de caractère ancien, médiocre sans doute, qui m'oppose fortement à mon père, mais aussi à Eva. Deux personnages dont le goût est incontestable. Je lutte encore aujourd'hui pour m'amender. Je me dis que c'est peut-être Rimbaud qui ne m'aime pas. On voit toujours les choses du côté du lecteur... Mais il existe des auteurs hostiles par avance – à bon escient – à certains esprits.

Ouvert hier soir *Rimbaud le voyant* de Rolland de Renéville, toutes ces naïvetés sur le poète adolescent, quelles bêtises ! Dire que c'est ainsi que Roger Gilbert-Lecomte voyait les choses. Heureusement qu'il est tombé dans l'héroïne. En fait, c'est la drogue que j'aime chez Lecomte et quelques poèmes du *Miroir noir* ou de *Testament* : « La Tête couronnée. » La drogue, c'est du solide.

Puis, comme d'habitude, le surréalisme m'en impose. Deux mots de Breton dans ses *Entretiens* et me voilà retourné. Le ton ne souffre pas d'opposition et on y parle d'inspiration en termes clairs. C'est en 1916 à la lumière de la guerre que Breton met « toute passion » à Rimbaud, lassant Valéry et Apollinaire à force de rabâcher son admiration.

Le lyrisme de Rimbaud selon lui ? Un « dépassement en quelque sorte spasmodique » de l'expression contrôlée. Ce dépassement ne peut résulter que d'un « afflux émotionnel considérable ». Il est aussi le seul générateur d'émotion profonde en retour, mais – et c'est là le mystère – « l'émotion induite différera du tout au tout de l'émotion inductrice. Il y aura eu transmutation ». Les cimes sont atteintes dans « Dévotion » et dans « Rêve ».

« Dépassement spasmodique… » L'étudiant en médecine décrit l'inspiration comme le psychiatre Pierre Janet, mais le cœur y est, la couronne est belle. Breton me force à y revenir encore une fois, sûrement pour vérifier ma réticence à me « laisser posséder » à atteindre cet « état second ».

Les œuvres de Rimbaud ? J'en ai plusieurs éditions. Toutes héritées. Le Pléiade de ma grand-mère est à Paris. Ici, un volume en loques… Tiré aussi de la bibliothèque de ma grand-mère, parfumée aux cigarettes blondes, à la pisse de chat et l'eau d'Hermès, comme en témoigne la page de garde, devenue à force la couverture : trois noms inscrits de la main de mon père, le jeune homme que je n'ai pas connu, une écriture si proche de celle de Breton que je n'arrive pas à les différencier :

~~P. Honorat~~
~~André Liberati~~
Odette V. Lazare.

Un cadeau de jeune homme pauvre à la mère de sa fiancée. « P. Honorat », c'est Pierre Honorat, un des premiers amis adultes de mon père. Amateur de Valéry, intime, lui et sa sœur Hélène, de Simone Weil. Odette V. Lazare, c'est ma grand-mère. V. pour Vernet, son nom de jeune fille, Lazar sans e (mon père s'est trompé) étant son nom de femme mariée, celui du beau-père de maman, Philippe Lazar.

Ce volume a tellement circulé qu'il est déchiqueté. « Rêve » n'existe pas, Breton a pu se tromper mais je trouve à la page 219 « Dévotion » une des *Illuminations* en prose. Jamais lue. Ou alors j'ai oublié. Comme la poésie est différente lorsqu'on vous l'indique. J'imagine aussi mon père, ou plutôt le jeune homme qui lisait ça, il y a soixante-douze ou soixante-treize ans. C'est fou, je n'arrive pas y croire, tout cela ne paraît pas loin quand il en parle à table, et pourtant depuis la mort de Négus il y a l'âge de Schuhl... Voilà le poème :

DÉVOTION
À ma sœur Louise Vanaen de Voringhem : – sa cornette bleue tournée à la mer du Nord. – Pour les naufragés.
À ma sœur Léonie Aubois d'Ashby. Baou ! – l'herbe d'été bourdonnante et puante. – Pour la fièvre des mères et des enfants.

À Lulu – démon – qui a conservé un goût pour les oratoires du temps des Amies et de son éducation incomplète. – Pour les hommes.

À madame ***

À l'adolescent que je fus. À ce saint vieillard, ermitage ou mission.

À l'esprit des pauvres. Et à un très haut clergé.

Aussi bien, à tout culte en telle place de culte mémoriale et parmi tels événements qu'il faille se rendre, suivant les aspirations du moment ou bien notre propre vice sérieux.

Ce soir, à Circeto des hautes glaces, grasse comme le poisson, et enluminée comme les dix mois de la nuit rouge – (son cœur est ambre et spunsk). – Pour ma seule prière muette comme ces régions de nuit, et précédant des bravoures plus violentes que ce chaos polaire.

À tout prix et avec tous les airs, même dans des Voyages métaphysiques. – Mais plus alors.

J'ai lu à mi-voix le début, les dédicaces. Pourquoi certains noms propres me fascinent-ils comme des ex-voto dans une chapelle obscure ? Il y en a que ça agace. J'ai souvent eu des remarques dans ce sens-là. « Le lecteur ne comprend pas. » Est-ce vrai ? Parce que moi lecteur, j'aime les noms propres que je ne connais pas. Ils me font rêver. Plus que ceux que je connais trop (la Bible). Les deux dames en haut et puis Lulu, *démon*, évidemment.

Hier soir, j'ai avancé dans la lecture du livre de Rolland de Renéville et j'ai changé d'avis. Une fois accepté le parti pris occultiste, la thèse du jeune homme initié par ses lectures de bibliothèque, les analyses sonnent juste. En dehors des références au néoplatonisme, à l'orphisme vecteur des sagesses orientales ou à sainte Thérèse d'Avila (les châteaux, l'âme), il y a de très délicates investigations, notamment sur les images venues de l'enfance, les ornières creusées par les voitures d'un petit cirque. Remarquable aussi l'influence de l'Exposition universelle de 1867 sur les paysages de ville des *Illuminations*.

J'avais oublié que ma grand-mère avait collé trois images de Rimbaud à l'intérieur de son livre. Sans vouloir médire comme Etiemble, je crois pouvoir avancer que le physique de Rimbaud favorise le culte dont il est l'objet. Mon père qui collectionnait enfant les images de gangsters américains (il parle encore avec des larmes dans la voix de « Baby Face Nelson » ou de « Machine Gun Kelly ») n'était sûrement pas indifférent à ces beaux yeux clairs levés vers le plafond. Le ciel bien sûr est visé, mais la photographie à l'époque se faisait en studio.

Ça me fait penser à la fascination d'enfant que j'éprouvais pour Billy the Kid, mais dont la face d'idiot de village à moitié bancroche photographié dans un mauvais studio de Kansas City m'avait toutefois un peu déçu. Le pauvre Lélian avec sa tête de satyre a son charme et Baudelaire avec sa bouche à la Michel Bouquet revu récemment dans la photo de Carjat au musée de la Vie romantique. Reverdy sur le photomaton de la collection « Poésie » chez Gallimard ne me plaisait pas : le nœud papillon, et pour tout dire quelque chose de la tête d'assassin du docteur Petiot. Les yeux de charbon comme Chanel, les pépites d'or ; pas les mêmes.

Ma grand-mère aimait les beaux garçons ambigus, elle en avait épousé un à vingt ans qui s'est suicidé juste avant la naissance de maman. Rimbaud était son idole numéro un, devant James Stewart. Dans les années 1970, le poster de Rimbaud se retrouvait chez les filles, les intellos, parce que les miennes, mes amoureuses du seizième arrondissement, préféraient Snoopy ou Robert Redford dans *L'Arnaque.*

Renéville évoque les grandes marches à pied du jeune homme à travers la Meuse et les banlieues. Comme Hölderlin, Rousseau et tous les inspirés. Les dingos aussi, les dromomanes, les tueurs en série, les cheminots, tous les gens qui n'ont pas la conscience tranquille. Quand on souffre, la marche calme la douleur, mieux que les produits toxiques ou l'alcool. À l'âge de la folie, Eva a traversé des nuits entières en marchant ainsi, parfois pieds nus.

Moi, je me suis contenté de tourner autour de chez moi l'hiver dans ces forêts ou ces grandes plaines. Toujours sage, jamais homme errant. Parfois dix kilomètres jusqu'à la gare, mais guère plus. Quatre heures maximum. La promenade ne m'inspire pas tant que ça, même si je ressens une communion avec la nature

J'ai mieux été inspiré en voiture, à la tombée du jour. Le ciel qui s'éteint, la pluie, les camions, la vitesse.

À vingt ans j'écrivais dans un de mes distiques clownesques.

Ô ma Facel Vega basse auto belle et noire
Que ne roulons-nous plus dans l'air tiède du soir.

Je n'ai jamais conduit de Facel, à l'époque je roulais en 2CV. Conduire m'inspire. Peut-être à cause de l'air que je déplace, du stress, du danger de mort. Des cadrans, des instruments de bord. Des idées enthousiasmantes qui remplacent la musique de l'autoradio cassé. Des idées à se damner. Des phrases entières. L'inspiration a donc à voir avec le souffle, le vent. La nature, les arbres qui s'ouvrent, la mer devant les Hébreux, le petit bois qui file au loin comme une île, le soleil jaune pâle de janvier qui se reflète sur la neige gelée. Les phares puissants des avions au-dessus de ma tête à Roissy, les phares de la voiture derrière dans le rétroviseur. Sagan.

À pied, c'est autre chose, le corps travaille. Je ne sais pas si l'exercice m'inspire tant que ça. Je suis un rêveur, un allongé, l'homme des insomnies et des lectures. Des lectures d'insomnie, des rêves de sept heures du matin, après l'angélus, quand je me rendors.

« Le poète » était mon surnom dans le livre de Frédéric Beigbeder *Un roman français*. Ma résistance à Rimbaud dénonce une réputation usurpée. Je suis né dans une bibliothèque. Je me dis ce soir que la vocation poétique n'a rien à voir avec mon érudition tortueuse et fétichiste ou mes débuts dans la carrière à quarante-trois ans.

Quand Stendhal estime qu'on ne peut écrire de roman correct avant un certain âge (je ne sais jamais si c'est quarante ou cinquante ans), on pense en général au vécu, à l'accumulation d'expériences. Mais le mûrissement n'a rien à voir avec les données accumulées, il y a des gens qui vivent sans cesse sans être jamais mûrs ou assez las pour s'asseoir. Il s'agit plutôt d'une fatigue, d'un découragement de la vie et de résister à cette défaite. L'inertie, les lassitudes appartiennent à la prose. Léautaud a consacré des milliers de pages à affirmer qu'à force de travailler au bureau, de nourrir ses animaux et de laver ses chaussettes il n'avait pas le temps d'écrire. Le Céline de la fin, le « malchanceux » avec ses corvées de poubelle ne dit pas le contraire.

C'était, je crois, avant la mort de Négus ou peut-être juste après. Pendant la guerre en tout cas. Un professeur de français a écrit ce poème à la craie au tableau :

Les sanglots longs
Des violons
De l'automne
…

Mon père m'a raconté hier que le professeur avait proposé un second poème mais qui ne l'a pas intéressé parce que les vers étaient des alexandrins. « Les vers longs, ça ne me plaisait pas, mais ceux-là, oui, beaucoup. » C'est comme ça qu'il a découvert son goût pour la poésie. Quand il est rentré à la maison, il les a récités à sa grande sœur qui lui a dit l'air blasé : « Ah ben oui, c'est Verlaine ! » En dépit de toutes ses années, il imite sa sœur morte depuis longtemps avec le ton exact. J'entends la voix et l'accent provençal de cette Renée que j'ai souvent croisée, chez elle à Toulon ou dans le Tarn au couvent.

Blessent mon cœur
d'une langueur
monotone

En le recopiant, je m'aperçois que j'ai toujours mis « bercent » au quatrième vers à la place de « blessent ».

*

Mon père m'a lu de la poésie à voix haute quand j'étais enfant, mais aussi des romans entiers qu'il découvrait avec moi et qui remplacèrent la télévision jusqu'en 1970. De Dickens, *David Copperfield* dont je garde un souvenir gai et confus, puis *Oliver Twist* qui m'a initié aux petites prostituées et donné la base littéraire d'une partie de mon premier roman. Le psychiatre Ben Chemoul n'est autre que Fagin, le juif dresseur de mendiants. Puis *De grandes espérances* en livre de poche avec cette femme folle dessinée sur la couverture, derrière ce petit garçon que je trouvais si beau que je rêvais de lui ressembler, comme j'adorais Alain Delon dans *Borsalino* qui avait les cheveux et les cernes de mon père.

Enfin, *La Guerre et la Paix*, deux fois de suite. Une lecture importante parce qu'elle était très longue et qu'elle se mélange avec les hivers des années 1960 et l'odeur d'eucalyptus du bocal à inhalation. En plus du prince André, j'aimais la petite Natacha, le bal, mais aussi l'homme qui boit sur la fenêtre du palais une bouteille de vodka cul sec. Le nom de famille de la femme à chevalière s'y trouvait, prémonitoire. C'était celui de son ancêtre, O., un des aides de camp de Koutouzov.

En 2002, j'ai lu le nom de cette femme sur un document quelques heures avant de la rencontrer. Je n'ai pas pensé à Tolstoï, mais n'est-ce pas le souvenir des lectures d'autrefois, la voix de mon père qui m'a dirigé vers elle ? Le goût des princesses russes, Natacha Paley en tête, me vient des hivers des années 1960.

Un jaillissement de l'être.

La belle formule de Léautaud lorsqu'il relit des vers d'Apollinaire pendant l'Occupation, il la réserve à la poésie. Pour lui, pour son journal ou pour les articles de commande, il parle d'« entrain ». Cet entrain, cette bonne fortune d'écriture demandent à être confirmés ensuite par l'impression que lui donne son texte quand il le relit. En général les phrases lui sont venues quand il faisait autre chose, en marchant, pendant sa lessive, il a construit le morceau dans sa tête avant de le mettre très rapidement par écrit et sans trop y revenir après. Les répétitions de mots ne le gênent pas, il se méfie du polissage, du trop bien fini. Il y a donc une part de sauvagerie dans ce qu'il estime être du bon style. Il déteste les dictionnaires.

La poésie et la prose procèdent du même principe, même s'il met au fond et très évidemment, sans jamais vraiment le reconnaître, la poésie à un rang supérieur. La prose restant un travail de « piéton » comme disent les Argentins à propos des gens banals. De même qu'il oppose le « versificateur » (Valéry) au poète (Apollinaire, Verlaine) il oppose en prose le style libre et familier de Diderot dans *Le Neveu de Rameau* ou le naturel de Stendhal dans sa correspondance avec les littérateurs pleins de rhétorique (Barrès), les imitateurs de tout le monde, beaucoup des littérateurs contemporains qu'il désigne comme des « compilateurs », et aussi les gens sans style, ou pire les petits fabricants, les « confiseurs »...

Pour lui un écrivain doit écrire comme il parle, on doit identifier le grain de sa voix. Le pire défaut d'un livre étant de ne pas ressembler à son auteur, un livre qu'un autre aurait pu écrire aussi bien est un livre sans importance.

À le suivre il y aurait donc l'inspiration réservée au poète (le jaillissement) et l'entrain, le naturel des gens normaux, des piétons, les prosateurs.

Plusieurs ordres d'idée s'entremêlent ici mais une certitude : l'inspiration ou son cousin modeste, l'entrain, apparaissent toujours de manière inopinée, incontrôlée, pendant qu'on ne s'y attend pas. Les vrais écrivains, ceux qui sont sincères et personnels, restent à la merci de ce souffle venu de l'extérieur, de cette impulsion. Au fond, rien n'a changé depuis Platon. Il apparaîtrait seulement ridicule à Léautaud d'attribuer au prosateur les lauriers du poète et de parler d'« inspiration » pour sa prose.

*

Je me suis intéressé à Léautaud quand j'ai commencé à vivre seul après la rupture avec M. Il nourrissait mon besoin de conversation littéraire au même titre que certains de mes amis, Pierre Le Tan ou Schuhl. Mon père occupa pendant des années cette place. À force, on se connaît trop bien et il est nécessaire de renouveler ses interlocuteurs. Léautaud était parfait, disponible chaque matin et suffisamment radoteur pour pouvoir créer un tissu d'habitudes et de répétitions qui fait qu'une conversation prend matière. Il présentait aussi un avantage sur les autres : il n'était pas incarné. Je souffre en effet d'une lubie secrète dont je ne me suis ouvert jusqu'ici à personne. Lorsque je parle de littérature avec quelqu'un et que la conversation « prend », c'est-à-dire que des idées se partagent, des opinions se rejoignent, j'ai envie de me jeter sur le personnage assis en face de moi pour je ne sais quelle caresse obscène ou pour le mordre. Il s'agit de flashs très brefs, très violents qui peuvent survenir plusieurs fois, sans trop d'effet. Le phénomène dure peu de temps et disparaît. Il peut toutefois revenir à plusieurs reprises dans la conversation.

Peut-être est-ce là tout simplement le souvenir refoulé des mouvements de tendresse que j'avais vers mon père et que l'adolescence a fait cesser brusquement. Nous ne nous embrassons jamais ni même ne nous serrons la main.

Si je pensais que la poésie est une façon d'accepter la vie je rejetterais la poésie. je ne veux pas m'évader. je ne juge pas la vie inacceptable mais je voudrais la débarrasser de tout ce qui peut la rendre acceptable.
Le livre de cuisine

J'ai assisté enfant à la résolution de ce pacte. Après une crise violente en 1969, mon père a consenti à une autre vie plus acceptable. De cette humilité qui n'est pas une humiliation, mais une résignation, je suis le fruit. Il s'est sacrifié pour mon éducation. Il a changé à mesure que je grandissais, laissant entrer en moi le roman de l'âge adulte.

Le premier tournant se place avant ma naissance, au moment de sa rupture avec le groupe d'André Breton.

Trouvé hier rue Condorcet une volumineuse histoire de la Pléiade en trois tomes. Mes recherches sur l'inspiration me servent d'excuse. Je fouille et tombe sur l'éducation de Ronsard. Ses années au collège de Coqueret où du Bellay composa la *Défense et Illustration de la Langue française*. Leurs études avec l'helléniste Dorat. « C'était un obscur collège, le plus obscur peut-être de tous ceux qui peuplaient la montagne Sainte-Geneviève... » La lampe de l'érudition n'éclaire pas grand-chose. Aucune trace ne subsiste, ni sur la montagne parisienne ni dans les archives, de la vieille bâtisse installée dans la basse-cour de l'ancien hôtel de Bourgogne. Description de l'emploi du temps : Ronsard travaillait la nuit jusqu'à trois heures, puis laissait la place à celui qui partageait sa chambre, Jean-Antoine de Baïf qui se mettait à l'étude aux premières heures du matin. Ils collectionnaient pour leur plaisir les manuscrits d'auteurs grecs dont on ne connaît même plus l'existence aujourd'hui... Dorat leur enseignait Eschyle en leur parlant latin, ils avaient treize ans.

Le collège Stanislas servait plutôt à fabriquer des huissiers de justice, des gérants d'immeubles ou des syndics de faillite. Pareil dressage ne se rencontre plus que dans certains pays pour le sport. La poésie, les antiquités devraient s'apprendre comme le sport, la musique ou la danse. Avec mollesse, à l'âge du père de Baïf, j'ai vérifié mon tempérament. Je suis du matin pour l'écriture mais de la nuit pour l'étude et certaines idées qui me viennent loin de mon bureau.

L'enseignement des bardes gallois se faisait dans le noir, dans des pièces sans fenêtre. J'ai souvent été dérangé entre deux heures et cinq heures du matin, avant le coq, par des visiteurs intermédiaires. Allumer ma lampe, prendre des notes microscopiques au porte-mine sur des bouts de papier, des pages de garde à portée de main, me fut toujours d'une grande utilité. Le gain de temps lors de la mise en route, le lendemain, était formidable. Ça n'arrive plus vraiment. Les entités ont d'autres adresses. Seule la chouette est toujours là.

Avec l'âge, mes capacités d'attaque le matin à l'heure de m'y mettre (vers neuf heures trente) sont devenues de plus en plus précises. Je garde en moi, je contiens. Jusqu'à l'heure dite. C'est là une forme de virtuosité dont je suis fier.

La nuit, pendant mes insomnies, je ne lis plus, je ne prends plus de notes, je ne bouge pas, j'apprends à mourir. C'est aussi bien. Schuhl m'a mis involontairement sur la voie. L'autre soir, il m'a appelé pour me demander de fouiller dans *Les Essais*, il se souvenait d'un passage où Montaigne dit qu'il s'entraîne à mourir en restant dans le noir sans bouger dans son lit. J'ai cherché tous les fameux morceaux sur la mort sans retrouver le jeu du faux cadavre. J'ai laissé plusieurs messages, très détaillés. Il m'a rappelé. Il penche pour une invention de professeur. Je n'en suis pas sûr, c'est peut-être moi qui ai mal cherché. Je me demande bien pourquoi il avait besoin de cette citation.

La contre-culture est dans les bibliothèques. Il faudra que quelques-uns, qui ne soient pas seulement de bons élèves, mais des esprits originaux, révoltés, exaltés et pieux s'intéressent aux archives, aux trésors oubliés, aux fondements de l'Occident chrétien. La fin d'un monde entraînera quelques éclaireurs à préparer l'autre. Je ne suis qu'un décadent de la dernière heure, un brocanteur de souvenirs, un petit pilleur de tombes, mais d'autres viendront qui éclaireront tout ça. Que ce soit d'Iran ou d'Oxford... On retrouvera mes galeries dans la Grande Pyramide. Mes ossements ne seront pas loin, l'anneau gravé du nom d'Eva ni les fleurs séchées de ma couronne printanière.

À cause de l'anneau, je repense à mon rêve, celui que j'ai raconté au début de ce livre. Le bonheur que je connaissais avec mes parents m'empêchait de chercher ailleurs. Je suis resté pareil, je ne vais pas vers les autres. J'ai le sentiment qu'un groupe quel qu'il soit ne peut rien m'apporter. Une seule compagnie même me gêne dans la jouissance que j'ai de la vie. Eva a réussi là où tout le monde devait échouer. Pour des raisons aussi mystérieuses que cet élan qui me pousse à écrire. Son insistance, le naturel qu'elle a mis à s'imposer n'expliquent pas ma conversion. Ça n'aurait pas tenu jusqu'à aujourd'hui. Il fallait d'abord qu'elle appartienne à mes livres. Je l'ai rencontrée dans la réalité parce que je l'avais inventée au préalable. Je n'ai pas trop changé quand même. Toujours sournois. Elle dénonce sans cesse cet état d'esprit que je viens de décrire, cette « suffisance » que m'avait reprochée une autre. Je n'ai donc pas changé, à part que je passe ma vie avec elle. Les livres me permettent de lui échapper, de prendre de l'air. Ils sont donc devenus plus que jamais mes amis.

Andy Warhol, un autre André, fait partie de mes proches depuis hier. Mes proches sont les poupées imaginaires de quelques centimètres qui vivent cachées dans mes piles de livres, et dont je m'occupe dans le dos d'Eva ou sous son nez quand elle se tient devant la cheminée. Je l'adore, ma poupée Andy. Surtout depuis que j'ai découvert son enfance à Pittsburgh. Elle vaut bien celle de Ronsard. Très concentré sur ses dessins depuis l'âge de trois ans, des amies filles exclusivement, les jupes de sa mère, la danse de Saint-Guy. Pittsburgh dans les années 1930, l'enfer industriel, la crise financière, la suie qui colle partout. Il y a un martyrologe des âmes sensibles. L'enfance d'Eva ou celle de Warhol (qu'elle n'aimait pas et n'aime toujours pas) se ressemblent dans leur détresse pleine de fantaisie à la Dickens. Tout ça me le rend encore plus sympathique. Ronsard et lui vont bien ensemble, en dépit de quelques différences. Je m'amuse à marier ces deux poupées sorties de deux boîtes différentes le temps d'une après-midi de lecture. Pendant que Lukas, le fils d'Eva, le fils que la providence m'a donné, le dédicataire de mon dernier livre, lit dans le fauteuil bleu, le tonneau aux Magnasco dont je parlais au début. Lui ne s'endort pas, question d'âge…

Lukas me dit que dans *Macadam Cowboy* le prostitué joué par John Voigt a un transistor, son seul bien, comme Nikki, la petite compagne prostituée du héros de mon premier roman.

Je n'ai pas vu *Macadam Cowboy*, le type qui a fait le film a dû remarquer la même chose que moi. L'idée du poste de radio m'est venue de mon ami travesti Kay. Elle se prostituait au bois de Boulogne quand je traduisais du grec et du latin et possédait dans son trousseau des K7 enregistrées sur Radio Vientiane pendant la guerre du Vietnam en 1974, à l'époque où elle était encore minet hétérosexuel en motocyclette. Elle adorait Mike Brant. Nikki, c'est elle, Kay, et aussi ma première épouse.

Pour le moment, Lukas n'a joué qu'un rôle au cinéma, celui d'un jeune skater-tapin dans *The Smell of Us* de Larry Clark. On lui a proposé celui de Jean de Tinan, c'est drôle, un de mes goûts de jeunesse. Quelle distance entre ce superbe jeune homme tatoué, international, si peu français, beau comme sa mère déguisée en Joe Dallesandro, et le Mercure de France... Comme quoi, rien n'est infranchissable. Je lui raconte rapidement, Jumièges... *Penses-tu réussir*. Je cherche mes vieux volumes du Mercure. *Nowhere*.

*

En cherchant les deux tomes de Jean de Tinan dans la vieille édition du Mercure, je tombe sur Jean-Pierre Duprey édité au Soleil noir. La couverture rose et blanche est illustrée par Matta.

Dans la préface, Jouffroy dit de Breton :

« Breton est de ceux qu'un poète ne peut renier sans se renier lui-même, et c'est faire preuve de confusionnisme que de considérer toute distance à son égard comme une opposition. »

Le mot « confusionnisme » pour « confusion » est bizarre, il fait penser à Confucius.

Quelle raison a justifié cette distance prise avec Breton en 1955 ou 1956 et que mon père regrette encore aujourd'hui, à quatre-vingt-dix ans comme s'il en avait vingt ?

À lire *Vieux Capitaine*, il y aurait en lui un peu d'un Jean Genet ou d'un Maurice Sachs. Un goût de la soumission qui cache un appel du changement et donc la traîtrise, et surtout un dégoût timide, brutal, presque forcené de la connivence. N'a-t-il pas été traité de « Judas de l'athéisme » par un autre surréaliste (Jean Schuster) ? C'est en tout cas ce qu'il a l'air de croire lui-même avec cette cruauté envers soi-même qu'il montre dès ses premiers textes. Une cause de ma gêne à la lecture de certains passages, motif aussi peut-être de mes propres volte-face amicales. L'arlequin Aragon en cacherait un autre.

J'y vois plutôt avec le temps l'effet du libre arbitre et de la différence d'âge. Breton fronçait les sourcils quand il arrivait à mon père, assis non loin, de heurter sa petite cuillère en métal contre sa tasse de café, seule boisson qu'il avait les moyens de s'offrir au café de la place Blanche au lieu des apéritifs autorisés.

Face à un tel césarisme, difficile de ne pas avoir envie de filer ailleurs.

> Vagabond exilé du divin séjour… je fus autrefois déjà un garçon et une fille, un buisson et un oiseau, un muet poisson dans la mer.

Empédocle. Ces quelques mots qui me touchent brutalement, plus que n'importe quelle conversation, datent de vingt-six siècles.

J'ai retrouvé la citation dans un livre d'étudiant, acheté neuf en librairie à l'époque des travestis. Un livre remarquable à tout point de vue et que je n'ai pas ouvert depuis les nuits du boulevard Saint-Germain. *Mythe et Pensée chez les Grecs*, de Jean-Pierre Vernant.

L'article intitulé *Aspect mythique de la mémoire et du temps* me fait l'effet de ces trouvailles faites aux Puces ou dans les rêves. Une boîte remplie d'objets tous poétiques et profondément émouvants. Ils interviennent dans ma vie, modifient mon humeur, mon sommeil, ma vision du monde. Ce n'est pas l'affaire de quelques heures comme une drogue ou une belle rencontre finie dans un lit et un petit matin à parler.

Je l'ai cherché avec une torche électrique dans la bibliothèque noire en pichepin où je range les livres d'histoire et tout ce qui a trait à l'Antiquité. Il était au fond, oublié. Deux tomes très laids, très 1970, couverture en dégradé bleu et violet à la façon des tee-shirts Lothar's qu'on trouvait à Saint-Tropez quand Brigitte Bardot était belle.

Vernant est un savant contemporain de mes études. J'ai appris le peu de grec que je sais avec des gens formés par lui. Ce volume fut une lecture importante. J'avais découvert Vernant en 1979, à la Sorbonne.

En lisant hier l'article sur la mémoire et le temps, j'ai eu le sentiment d'être au cœur de mes investigations.

La mémoire, Mnémosyne, est une déesse titane, sœur de Cronos (Saturne) et de l'Océan. Son union incestueuse avec Zeus a enfanté les muses.

Que la mémoire soit sœur de l'océan est une idée sublime. Mnémosyne, mère des Muses, n'engendre pas seulement la capacité de se souvenir du passé, elle ouvre au monde de l'Invisible. Partie intégrante du cosmos, c'est une puissance sacrée qui me dépasse et me déborde alors même que j'en éprouve en moi la présence. Elle est liée aux morts, aux divinités infernales, au cycle de renaissances successives. Cette vision du monde va bien au-delà des conceptions contemporaines ; elle touche au sommeil, à la mort, à celui que j'étais, à celui que je serai, mais elle m'unit aussi aux autres êtres, à mon père, aux femmes, à Eva, à tous les hommes, aux bêtes, à Négus, aux plantes, aux rochers. Aux hommes du passé, aussi, aux héros, aux plus hautes œuvres d'art et aux plus simples douleurs. Elle explique les songes, les bruits indistincts, les hasards des rencontres. Elle est vraie. Voilà bien l'impression qui me domine en permanence depuis longtemps, quand j'étudiais, quand je peignais et encore davantage aujourd'hui. C'est un travail de purification qui s'est accompli, dont l'œuvre alchimique fut Eva. Je baigne dans l'influence de Mnémosyne, ces théories anciennes, celles d'Empédocle, d'Homère, d'Hésiode me comprennent plus que je ne les comprends. Je n'ai pas besoin de les interpréter, elles sont miennes à partir du moment où j'écris ces lignes. Ce sont elles qui les inspirent, c'est d'elle, Mnémosyne, que vient le souffle qui m'anime.

L'inspiration est issue de la mémoire, de ce vaste système qui inclut la mer, le vent, les entités intermédiaires, les souvenirs qui remontent on ne sait où, les signes que m'envoient les morts, les livres. Mon enfance, c'est la vieillesse d'un autre, de tous ceux que j'ai croisés et qui m'ont imprimé quelque chose de leur souffle. Ce sont les personnages de Dickens, mes amis les morts, les œuvres que j'ai vues et qui m'ont frappé sans que je m'y attende, comme une rencontre. La villa des Mystères, le Musée archéologique de Naples, une visite au Louvre un matin avec mon père quand j'étais enfant, nous avions parcouru une allée de tabatières que je n'ai jamais pu retrouver. Dans le flou de mes imaginations, elle se surimpose sur l'ancienne allée des vitrines de l'hôtel Ritz, avant les travaux, ou sur ce centre commercial inventé où j'ai mis la machine à prédictions de mon premier roman, à Palma de Majorque.

Mnémosyne me donne le pouvoir d'avoir une vision personnelle directe du passé parce qu'elle vise le fond de l'être. C'est grâce à elle que j'ai pu retrouver sans trop d'erreurs le philtre de sorcières de Cielo Drive ou de la mort de Jayne. J'étais là. Mon être intime s'est retrouvé mêlé à des actes joués une seule fois dans le monde matériel, mais qui se répètent à l'infini dans un ailleurs auquel je participe. Fût-il atroce, il est mien.

Parfois ce sont des rêves qui me mettent en contact avec cet autre monde.

J'ai vécu une expérience frappante dans la maison où j'ai écrit mon premier roman. Elle était construite sous un arbre immense, un platane de cinquante mètres de haut. Il fallait huit personnes, en cercle, bras étendus, pour faire le tour du tronc à sa base. Planté peu avant la Révolution française dans la cour de cette ferme viticole, il avait profité d'une source placée sous ses racines. Racines titanesques qui soulevaient l'édifice et son grand perron de pierre donnant à l'ensemble une allure de guingois et des déformations trahies par d'énormes fissures qui n'étaient pas sans évoquer la maison Usher. Les branches qui surmontaient la toiture avaient le diamètre d'un arbre adulte et semblaient l'enserrer et la menacer en même temps.

La maison, vide depuis près de trente ans, ouvrait sur un joli parc à l'anglaise qui, une fois les broussailles dégagées, révéla toutes sortes de vieux rosiers, d'ifs, de pins noirs et d'essences décoratives. Il y avait même au fond du parc une île ornée de pins, où une dame blanche, une apparition, s'était fait voir au XIXe siècle. La ferme implantée là depuis toujours avait porté autrefois le nom romain de Daudelimont, par les merveilles de la toponymie et de l'oreille humaine et des trois fontaines qui l'arrosaient, elle était devenue le lieu-dit : *Eau de Limon.*

Ce domaine possédait dans ses dépendances une petite orangerie comprenant un rez-de-chaussée éclairé de grandes fenêtres arrondies à leur imposte et un charmant entresol desservi par un escalier à vis, le tout de la taille d'une boutique du Palais-Royal. J'avais installé mon atelier de peintre.

J'avais la certitude de vivre ma vie entière dans cet endroit en compagnie de M. Après dix ans, la peinture gardait pour moi tout son charme, peut-être parce que j'en étais resté à une passion d'amateur. Je travaillais des nus grandeur nature, toujours œuvrés à la terre de Sienne selon la méthode du crachat de Léonard de Vinci. J'avais progressé en anatomie. Je vendais mes toiles en quantité suffisante pour entretenir deux voitures de collection.

J'étais heureux, jusqu'à cette soirée de décembre 2001 où j'ai écrit ces dix premières pages de roman. J'ai raconté plus haut comment, une fille sortie des enfers, une sœur disparue, Jayne Mansfield...

Der teufel ist los... comme on dit en Allemagne...

La rédaction de mon livre commença réellement un an et demi plus tard, alors que la femme à la chevalière, celle dont j'ai parlé tout à l'heure, étrangère à tout passé, avait réveillé de vieux souvenirs. C'est à Majorque que j'ai été visité une première fois à cause d'algues en forme de pommes de pin qui m'ont rappelé Saint-Tropez, la plage des Salins, mes amoureuses.

Une photographie d'Eva prise par Roxane Lowitt, la relecture incessante de *Moi, Christiane F., 13 ans, droguée, prostituée...*, les souvenirs des boîtes de nuit, mon goût pour le seizième arrondissement et un rez-de-chaussée de la Muette m'ont donné la note. Une inspiration soutenue et tout à fait surnaturelle a fait le reste. Je me rappelle avoir pensé que j'écrivais sous la dictée des fées. Un passage particulièrement, longue leçon de latin magique, devant les petites prostituées et la Méditerranée, tenait et tient toujours pour moi du prodige. Je sais depuis hier que ces mots s'adressaient à Mnémosyne. Deux jours d'écriture folle sans savoir qui me tenait la main.

Je coupais certains chapitres. Je me souviens d'une visite aux pays des morts, une sorte de nécropole souterraine où je retrouvais la petite Babsi, silhouette allemande empruntée à Christiane F. Dans ce chapitre dont j'ai perdu le manuscrit, le pays des morts s'ouvrait sous mon arbre, en bas d'un escalier disjoint dans une grotte ornée de racines, véritable antre magique dont la précédente propriétaire, une vieille femme, m'avait parlé, m'assurant qu'il existait sous l'arbre un pareil lieu. Le premier été que j'ai passé dans la maison trois ans plus tôt, j'ai creusé les caves à la pioche pour retrouver le chemin qu'elle m'avait indiqué, en vain.

*

Une fois le livre paru, je n'étais plus le même homme ; je continuais pourtant la vie d'autrefois, dans les habits d'autrefois, les voitures d'autrefois. Seul l'atelier désaffecté témoignait de mon désarroi. Drogué, malade à force d'arrangements qui s'efforçaient de maintenir l'ancien état, je commençai l'écriture de mon second livre. J'étais muré dans une forteresse intérieure dont les deux cents premières pages témoignent, encore désagréablement pour moi aujourd'hui.

L'accumulation de silence, de mensonges, de tromperies amena une série de crises violentes avec M qui n'interrompirent pas mon travail mais créèrent ce genre d'état mental où l'espace du rêve et celui de la vie s'interpénètrent librement.

Une nuit de septembre, alors que je dormais seul dans notre chambre sous la plus grosse branche du géant, je fis un rêve. Je découvrais dans la cave de ma maison une jeune fille nue, à la peau très blanche. Il me semblait la découvrir mais que j'en étais aussi le geôlier depuis longtemps. Cette rencontre me mettait dans l'état d'un homme qui a commis un crime et qui l'a oublié. La jeune fille semblait très malheureuse, elle allait mourir là dans cette odeur de cave sans jamais revoir le jour et c'était à cause de moi.

J'ai perdu la narration de ce rêve. Si je la retrouve avant la parution de ce livre, je la mettrai ici, à titre de document. Je suis sûr qu'il y a des détails intéressants et peut-être que je me trompe dans le déroulé des images.

Ma responsabilité ne fait toutefois aucun doute. J'étais à la fois celui qui l'avait enfermée, qui la découvrait après avoir oublié, et qui ne pouvait la délivrer. Je crois qu'elle refusait de sortir, comme quelqu'un qui a été brisé par une détention. Quelques semaines avant avait éclaté en Autriche l'affaire Natascha Kampusch. Il est évident que ce rêve avait des liens avec un crime qui m'avait comme tout le monde, mais peut-être au plus profond, marqué.

Un autre détail me revient, la vieille femme qui m'avait parlé de la cave placée sous les racines de l'arbre m'avait aussi montré au grenier ce qu'il restait de la chambre de la bonne qu'elle avait connue enfant, « Didine ». D'après ses dires, cette femme entrée fillette au service de son oncle avait vécu des années dans ce réduit glacial. Je me souviens d'avoir découvert sur les murs de plâtre nu des inscriptions au crayon, des chiffres, des comptes... J'avais imaginé que le patron – un ivrogne d'après sa nièce – venait coucher avec la petite bonne et qu'il en profitait pour noter ses dépenses.

Quelques jours après le rêve, je me suis persuadé que la jeune fille nue, c'était moi-même et qu'il fallait que je m'échappe de cette maison pour accomplir mon destin.

J'ai quitté cet endroit tant aimé, où l'inspiration m'avait visité, et j'ai donné le surnom de Didine à un personnage de mon roman en cours.

*

Aujourd'hui, je pense encore une fois à Mnémosyne. Selon les traditions orphiques, Mnémosyne est une source de l'enfer, appariée au Léthé. Ses effets sont contraires : au lieu d'oublier ses vies antérieures et de replonger dans le cycle des réincarnations, l'âme qui va à droite et boit l'eau de Mnémosyne quitte le fardeau humain et rentre dans le monde des immortels. Cette jeune nymphe que j'ai délivrée en me réveillant était une créature du limon de cette fontaine, une apparition – mon âme peut-être ou mon démon. L'abandon du grand jardin, de la petite orangerie et de tout ce que j'aimais était un effort de purification.

Du moins c'est ce que je crois à l'heure où j'écris ces lignes.

Bien après avoir quitté cet endroit, lors d'un voyage à Munich, j'ai trouvé par extraordinaire, dans une librairie, un plan ancien maroufié sur tissu du domaine Daudelimont et de ses environs. Il date du XVIIIe siècle. Je le garde, comme un présent.

*

Voici la narration de mon rêve, elle était notée dans un carnet de comptes en Moleskine noire, de format vertical imité de ceux de Proust. Dans ce même calepin se trouve un dessin représentant les algues de Deià qui m'avaient évoqué Saint-Tropez. (On voit ces algues, aux Canoubiers en 1956, dans le film *Et Dieu créa… la femme*).

Rêve d'horreur (comme un film d'horreur)
Une jeune fille que j'ai connue qui m'a aimée (sic) vit volontairement ou involontairement recluse (le mot n'a rien à voir avec cet enterrement humide et obscur) dans une cave sordide, bien plus sordide que celles que j'ai pu connaître, située au cœur du Sentier ou de la rue de Réaumur, sœur de la rue de Palestro où

j'ai vécu en 1979. Elle n'est pas seule, dans une autre cave son frère. Ils ont entre dix-huit et vingt ans. On les sort, des gens qui sont mes amis les sortent pour les utiliser très brièvement à des besognes que j'oublie en me réveillant. Je suis complice, j'ai vu la jeune fille glaçante en chemise nue collée d'eau comme une créature de cauchemar et dont le cauchemar serait la fonction, ou le destin.
Qui est-elle ? Qui est-elle ?
Toujours est-il qu'elle paraît là sous mon influence, à cause de moi, parce que mon esprit satanique l'a fascinée au point de lui faire gâcher sa vie.
C'est peut-être ma cousine, la fille de R.
Je pense aussi à Babsi dont la photo va ressortir à cause de moi.
Babsi que dans une version oubliée d'*Anthologie des apparitions* j'avais enterrée dans une cave sous une accumulation de cadavres
J'AVANCE
J'AVANCE DANS UNE SAUVAGERIE INTIME TRÈS FORTE
Ruth Kronenberg la dernière compagne de Rog Karl
« Je viens de loin de bien plus loin qu'on ne saurait croire avec ses griffes avec ses dents celle qui... m'a fait mal »
J'AIME MA FIANCÉE DE LA CAVE !
« où l'on cherche la bien-aimée les monstres eux-mêmes sont bienvenus »
Méphistophélès, *Faust*, II, p. 1 163

J'ai noté cette transcription au lendemain de mon rêve, à la veille de changer de vie. Mon écriture très déformée traduit une agitation anormale. J'allais détruire treize ans de stabilité. L'édition de poche de mon premier roman allait paraître, d'où l'allusion à la photo de Babsi que j'avais mise en couverture. Je découvre aujourd'hui que la cave se situait dans ce quartier de Réaumur où j'ai croisé Eva dans une DS en 1979 et que dix ans après ce rêve en 2013 je retrouverai dans un appartement de fortune, juste au moment de notre rencontre.

À l'époque, j'ai été frappé par les cuisses d'Eva, nues, blanches, grasses comme celles de Natascha Kampusch.

Le Larousse du XIXe siècle donne à l'article « Hadès » une étrange étymologie au mot geôle qu'il rapproche du premier enfer hébraïque : « schéol ». De geôle le français a tiré les dérivés enjôler, enjôleur, enjôleuse.

Aujourd'hui lundi 21 novembre, après une dispute violente avec Eva je suis parti seul en voiture sous la pluie sans but particulier. Tombé sur une église, à peine indiquée au fond d'un vallon, dans un cul-de-sac non loin de Vic-sur-Aisne. Collé à une colline, le plus petit clocher que j'aie jamais vu, court et trapu, gris sous la pluie. On accède au bâtiment par une grille et une allée tournante qui monte vers le chœur. En face de l'église se trouve une maison dont la façade est ornée d'une très antique statue de saint. Le pays entier, c'est-à-dire les trois maisons autour de l'église naine et le vallon qui descend derrière les bouquets d'arbres, me semble appartenir à un autre temps.

C'est Proust qui m'a donné envie d'écrire en prose et plus particulièrement un paysage, un article du *Contre Sainte-Beuve*, sur les églises. Les églises éclairées par les phares d'Agostinelli. Enfant, ma mère et moi en vacances à Trouville, nous allions marcher sur la vieille route de Honfleur après les Roches noires jusqu'à l'église de Criquebeuf. À l'époque, elle lisait Proust et moi Tintin. En Auvergne aussi, j'ai vu des sanctuaires glaciaux et hantés par cette présence divine, ce Saint-Sacrement devant qui nous allions faire génuflexion. Mes parents se sont convertis en 1965, la religion catholique a embelli toute ma jeunesse. Je ne peux imaginer un pays sans église. Ou alors si : Bombay, les temples et les mosquées qui s'entremêlent comme les longues racines des plantes. Toutes les religions, tous les temples de la Rome finissante, plutôt que la laïcité.

Nous avons foi au poison.
AR

Pendant deux ou trois ans qui précédèrent la rencontre avec Eva, il m'arrivait assez régulièrement, une fois par semaine environ, de passer une trentaine d'heures alité dans ma chambre. Suivant un rite établi, je me droguais, je buvais et je fumais des cigarettes menthol laissant le temps passer sans dormir, sans travailler et presque sans répondre au téléphone.

Après plusieurs heures de ce régime, vers l'aube j'en venais à lire des poésies de Roger Gilbert-Lecomte, de Nerval ou d'Apollinaire... pour la plupart des œuvres que je connaissais très bien. « Tête couronnée », « Les Chimères », « Zone ». Certains textes en prose, la présentation de Jacques Rigaut dans l'*Anthologie de l'humour noir*. Ces séances solitaires, très chargées d'émotion, avaient lieu aux deux tiers du parcours.

Ma seule compagnie était les branches des grands arbres qu'on aperçoit par une fenêtre à gauche de mon lit et par une porte-fenêtre carrée qui ouvre sur un balcon de bois du même genre que ceux des chalets forestiers du bois de Boulogne. En hiver, les entrelacs dessinés par les branches du tilleul de l'abbaye voisine ressemblent à une toile d'araignée, un nid d'animal géant, une cage, un piège qui se dessine sur le ciel blanc ou rose en contre-jour.

Le matin, quand les enfants de l'école voisine commencent à crier, je fermais les rideaux de velours rouge de cette cage pour m'isoler mieux avec la drogue, l'alcool, le chauffage électrique à fond et la fumée des cigarettes. D'autres fois, ils restaient ouverts, et je me rappelle un nombre important de crépuscules du matin et du soir passés sans bouger dans ce lit.

Prise à haute dose, la cocaïne rend méditatif, sans le côté un peu écœurant de l'héroïne. Mes idées se minéralisaient, j'entrais en moi-même dans une sorte d'extase intime, que l'extérieur menaçait peu jusqu'au moment très angoissant où le blindage commençait à céder, la provision de drogue diminuant. La menace psychologique de la petite pyramide blanche qui se réduit à une boule puis à quelques rails crée une tension morale que l'alcool et les anxiolytiques atténuent.

Depuis mon mariage, certains après-midi où la tension monte entre ma coprisonnière et moi, lorsque la provision d'argent vient à manquer, je m'alite comme naguère et je retrouve les rameaux noirs et le ciel qui s'éteint progressivement passant d'un blanc livide à la pénombre.

Il m'est agréable de penser que les moments anciens étaient bien plus durs. Même si Eva est en colère ou désespérée comme ça lui arrive, je sais qu'elle est là dans son joli bureau orné de toile de Jouy. Je sens sa présence, le foyer n'est pas éteint, la mort est tenue à distance. Il y a de la lumière. Comme deux enfants fâchés mais condamnés à partager leur chambre nous allons nous retrouver, elle est ma femme et la chaleur de son corps me prouve qu'elle appartient à mon espèce et que j'appartiens à la sienne. Elle n'est pas morte comme Lecomte, Nerval ou Rigaut... Elle est là, c'est une femme.

Je pense souvent à la détresse de Roger Gilbert-Lecomte après l'arrestation de sa compagne juive Ruth Kronenberg. Lors de la rafle du Vél' d'Hiv en 1942, un an avant le tétanos. Comment pouvait-il y faire quelque chose, lui qui était si démuni, si désarmé, dans une telle catastrophe, face à de tels ennemis ? Comme Verlaine à l'hôpital, pire peut-être car l'héroïne est plus désolante que l'absinthe. Moi, je sais que j'ai la force en moi de trouver toujours de l'argent et de nous soutenir Eva et moi hors de la nuit.

L'envie d'écrire, l'impulsion, ne naissait pas lors des séances paralysantes d'autrefois. Elle venait le lendemain de retour à mon poste au rez-de-chaussée après quelques heures de sommeil. Ces descentes en moi-même m'apparaissaient comme une sorte d'expérience nécessaire, témoin de mon engagement dans mon art et de ma sincérité à l'égard des poètes qui restaient pour moi les seules instances devant qui j'avais des comptes à rendre. À deux reprises j'ai manqué mourir lors de ces tunnels. Une fois, le Samu ayant été alerté par une amie parisienne, elle-même suicidaire, j'ai eu la gendarmerie dans ma chambre.

Convoqué à Villers-Cotterêts quelques semaines plus tard au mois d'août à cause de la drogue, j'ai vu les photos prises par les gendarmes dans ma chambre, mon lit défait, les bouteilles de vodka, de vin et de Ricard, les cendriers débordants...

J'aurais dû leur demander un double... La série avait du charme. Si le monde, comme Nietzsche l'affirme dans la *Naissance de la tragédie*, est d'abord un phénomène esthétique, la drogue par le dédoublement théâtral qu'elle opère entre moi et l'autre moi renforce la conscience de cette beauté-là, l'émotion déplacée, déraillée reste toujours ailleurs. Elle n'est jamais vraiment revenue en place. En dehors de la chaleur et avec elle, Eva et moi avons en commun d'avoir subi sinon recherché à un moment de notre passé ce déplacement. Nous sommes restés dehors. Cette division dramatique du moi nous lie, le chœur étant toujours là, près de nous sur scène.

Schuhl hier m'a fait une confidence. Je lui parlais des théories orphiques et de la transmigration des âmes. Il m'a dit le fond de sa pensée sur la question : il ne croit pas à l'âme individuelle, mais il pense qu'il y a de l'âme en circulation qui passe par nous et qui s'en va.

Moi, je suis partisan de l'âme individuelle mais poreuse... Pour rire et justifier ma croyance, je lui raconte cette fameuse estimation du poids physique de l'âme. La différence observée entre le poids des corps avant et après l'expiration. Cinquante grammes si ma mémoire est bonne, je ne sais plus où j'ai lu ça. Schuhl me regarde l'air perplexe, il n'y croit pas trop, à ces cinquante grammes...

Plus tard, nous évoquons l'inspiration et la poésie. Il a du mal à lire des poèmes. Il essaye depuis toujours, mais souvent en vain. Il aimerait bien, mais c'est difficile. Il est plus exigeant que moi. Il approuve le lyrisme mais il n'aime pas la rhétorique. Il trouve Mallarmé plus exact sur la vie matérielle que les autres. Baudelaire, pour lui, c'est ancien. Verlaine visiblement ne lui plaît pas, même s'il m'écoute poliment quand je parle. Il avait entendu comme moi *les violons... bercent mon cœur* et non *blessent mon cœur*. Je lui raconte l'histoire de Négus qui l'intéresse, je sens qu'il estime Rimbaud beaucoup plus haut que Verlaine ou Apollinaire. La veille, quand je lui ai rendu visite à la même heure, il a fait tomber la lampe en se levant, du coup l'ampoule est cassée, il ne l'a pas changée. Il fait très sombre.

Pour conclure, nous sommes d'accord pour estimer qu'un poème peut se relire éternellement, en tout cas toute la vie. Il me dit : « Sur une île déserte, pas de doute, il faut des poèmes. »

De retour dans le dix-huitième, je prends un chemin habituel par la rue Ronsard. J'ai raconté à Schuhl l'histoire de Ronsard dans le collège obscur, le plus obscur. L'inspiration, la mienne, appelle aussitôt le lyrisme, puis la rhétorique. Peut-être suis-je trop entraîné, trop fluide, pas assez sec. Je ne me méfie pas de mon démon, je le laisse parler. J'entre dans la zone que j'ai décrite dans *Eva*, la rue Nodier, la rue André-Del-Sarte. J'ai défendu tout à l'heure l'idée d'une rhétorique de papier peint déchiré. Sachant que ça lui plairait. Un bout de rhétorique encollé sur un texte, comme un cache-misère ou une œuvre de Schwitters. Tout ce qu'il aime, mais ce n'est pas vraiment moi. Je ne pratique aucun collage. Ma lutte avec mon démon inspirateur est plus univoque, je le laisse chanter, puis je le laisse s'éteindre comme une lumière qui baisse. Je crois que ça vient de l'église, les messes de minuit, les grandes peintures dans la fumée des cierges. La chapelle Delacroix de l'église Saint-Sulpice, obscure quand on rentrait à droite après la cérémonie du bénitier, un grand morceau de lyrisme, le « combat avec l'ange », qui se joue dans l'ombre. Dans mon prochain roman, *Occident*, je voudrais qu'il y ait des chapelles éteintes, terreurs inexpliquées. Écrites pourtant, et avec moult détails, mais sans lumière. C'est pour ça que j'ai choisi une folle comme personnage principal, une enfant, elle n'arrivera qu'à la page 200 très annoncée, très controversée. Son combat avec l'ange se jouera dans cette dimension où les choses vont se répétant comme un thème musical. L'action n'est pas claire, elle se joue à l'avant-plan, assez médiocre de toute façon, mais les ombres passent sur le mur derrière comme dans une vidéo, ou dans la caverne.

*

J'ai rêvé cette nuit que je me querellais avec quelqu'un (une femme) à propos de la chapelle Delacroix. Elle me disait : « Ça n'a aucune importance. » Cette dispute pourrait entrer dans le roman.

Je ne sais pas si ça s'entend, mais j'écris tout ça à vive allure. Trois pages par jour... Comme dans Alexandre Dumas ou dans les westerns quand le héros, porteur d'un message, court à bride abattue, use les chevaux sous lui, les abandonnant pantelants à l'écurie avant d'en prendre un neuf. La course du messager, mais aussi celle du cocher saoul des *Âmes mortes*.

Gogol est mort comme un saint et le Grand Dieu Pan vit toujours, et tous les autres, les marins de Plutarque, racontaient des histoires de vieilles femmes, l'Océan divague à la différence de sa sœur. Il oublie même ses noyés, Ulysse, Byron...

Le message que je dois porter est une bonne nouvelle, il justifie ma hâte. J'ai tant traîné avant de me décider. Cinquante-sept ans, une barbe blanche. Timidité, peur du ridicule, impression d'inutilité, la nostalgie des limbes... Le chiqué... Le poisson mort à la fin de la *Dolce Vita*... Nada exist...

Non, elle existe. Qui ? Quoi ? L'impulsion externe. L'art ne se résume pas à une fabrication ni à ce complaisant dénigrement si sot et vieillot que Sartre et d'autres ont construit par dépit contre Baudelaire, par romantisme inversé. Même Flaubert en attendait beaucoup, il n'aurait pas tant crié chez lui et je suis sûr que mes contemporains la sentent certains jours heureux ou malheureux. Un artiste fétichiste comme David Rochline a bien défini la situation de déni dans laquelle se trouvent les postmodernes : « J'ai l'habitude de ne pas croire en Dieu, mais quand je dessine je fais semblant d'y croire. »

L'intensité n'est pas toujours la même, le galvanisme vient de cette influence, et non de l'avancement de la sexualité ou de ce que j'ai mangé la veille. La seule preuve que j'ai trouvée d'une force supérieure, par mes moyens, chez moi, réside dans les effets de l'inspiration sur mon humeur. Un ébranlement qui peut provoquer des dégâts. Pour le supporter, un plan s'improvise, toujours le même, la conscience s'organise en système. Reprenant une expression de T.S. Eliot, je pourrais nommer cette résistance improvisée, réaction organisatrice de l'intelligence à la dynamique brutale de l'impulsion, le *dessein*. C'est le dessein qu'on peut discerner je crois jusque dans les œuvres limites, à la frontière de la folie, dans *Aurélia* par exemple. Il se manifeste aussi de façon plus ordinaire dans la résistance intime à l'afflux soudain, à la fuite maniaque des idées. Pour Flaubert, la résistance très forte se manifeste dans le choix des mots, l'obsession de l'énoncé. Puis deuxième effet : du trop-plein d'énergie venue d'ailleurs qui dépasse forcément le dessein (et donc l'intelligence) naît une espèce de halo mystérieux, la « suspension » que le XVIIIe siècle considérait comme le principal attribut de la beauté poétique. C'est l'abbé Brémond qui recueille cette idée subtile chez un jésuite, le père Du Cerceau, dans *Prière et poésie* (1926). C'est aussi ce que Thibaudet avant lui, en 1912 dans la NRF, définissait comme « un ondoiement de poésie pure qui semble dépasser la conscience du poète, entrer comme une matière rafraîchissante et fluide dans les canaux de notre intelligence, traverser l'idée claire et cristalliser au-dessus d'elle dans une pure intuition ».

La suspension donne du mystère à l'œuvre, c'est le moyen que la conscience trouve pour manifester par transparence le processus et établir du même coup un lien spirituel (intuitif) avec les autres individualités. Le *dessein* est une sorte de plan établi par la conscience dans le feu de l'inspiration et la *suspension* est ce phénomène qui pousse à aller plus loin, à écrire des choses que je ne comprends pas forcément très bien au moment où elles se formulent, mais dont je sais qu'elles sont bonnes, c'est-à-dire vraies par intuition.

Les preuves de l'existence de ce système se trouvent à l'intérieur des bibliothèques. Leur relevé date de l'Antiquité la plus haute. Il est toujours disponible, il est en livre de poche. La fanatique négation des forces spirituelles orchestrée à la Révolution française est en train d'épuiser ses forces.

En 1802, le *Génie du christianisme* creusa un fossé entre la grande construction chrétienne et les ruines de l'autre monde, c'était du ressentiment. Chateaubriand voulait démoder les robes à l'antique des Vénus du Directoire, le faux paganisme de la déesse Raison. On oublie toujours les antagonismes de mode pourtant si puissants. À la fin du siècle, mouvement inverse, ils n'en pouvaient plus du curé de village. La seule chose qui tient de Chénier à Rimbaud et de Mallarmé au surréalisme, c'est la poésie, l'inspiration. Aucune différence, la même que Sappho, *verte comme l'herbe*. Trente siècles sans que ce souffle s'use, cette impulsion qui guide la main, la mienne comme celle d'un lyrique de l'époque de Néron.

Ce qui précède est trop serré ; j'ai voulu faire vite et j'ai sauté des transitions. Il faudra revenir sur le dessein différent du prosateur et du poète. À mesure que les années passent à noircir des pages, le plan de bataille de l'homme de prose s'organise à l'aide de conditionnements, associations, automatismes auxiliaires qui forment un medium de plus en plus compact. Les avancées s'accompagnent d'un durcissement de la matière, y subsiste une part de poésie qui est cachée, une flamme ranimée par l'entrain. La trouvaille. Proust et Saint-Simon foisonnent de ces étincelles, Céline procède plutôt par imitation de ses propres poncifs et amplifications fortifiées par la verve, le radotage, la folie raisonnante, les flammes de la guerre.

Voilà que je parle d'inspiration, alors que je ne suis pas poète. Je me laisse aller une fois de plus à prendre la place d'un autre. Mais saint Hippolyte, patron des gardiens de prison, vient remettre de l'ordre dans la filière.

Retrouvée sur le feuillet d'un bloc du Mercer à New York une note concernant Jayne Mansfield. Je ne m'en suis pas servi dans mon livre car je l'avais égarée. Il s'agit de l'extrait d'une interview donnée à un journal italien en décembre 1966. Elle disait au journaliste : « J'aime conduire ma Maserati pour aller au cinéma »... J'ai noté une précision « Maserati Ghibli de Sam Brody, accidentée sur Sunset Blvd dans la dead man curve en mai 67 ». Le « dead man curve » est un des rares tournants du boulevard du Crépuscule ainsi surnommé à cause des nombreux accidents mortels qui y ont eu lieu.

Au verso, j'ai inscrit une longue note sur Héraclite, citation ou paraphrase d'un livre que je devais lire à l'époque.

C'est saint Hippolyte, saint patron des gardiens de prison, qui dans sa *Réfutation de toutes les sectes* met

135

indirectement en lumière l'influence de l'orphisme sur Héraclite. La méthode employée par l'apologiste est de démontrer que tous les auteurs hérétiques qui se réclament du Christ ne font en réalité que reproduire les doctrines des philosophes païens. Lorsqu'il s'attaque aux disciples de Noetus, un prêtre hérétique de Smyrne, Hippolyte sort des morceaux d'Héraclite prouvant qu'à l'époque, au IIe siècle, les textes disparus du présocratique étaient encore dans les bibliothèques de Rome : « Les Noétiens ne sont pas comme ils le croient des disciples du Christ, mais ceux de l'Obscur » (*Philosophumena IX 7*).

L'attaque vise une thèse gnostique de Noetius affirmant l'identité du Père et du Fils, ayant pour conséquence logique la participation du Père à la passion du Fils. Cette idée serait directement tirée d'Héraclite. « Chacun sait que l'Obscur a affirmé que le père et le fils ne faisaient qu'un » et d'après xxx (mot illisible se terminant par un « o ») commentateur de saint Hippolyte viserait un emprunt d'Héraclite à la théogonie orphique : l'ingestion du cœur de Zagreus par Zeus et la renaissance de Dionysos en même temps que la naissance du genre humain.

On sait que Zagreus, le petit serpent cornu, fut attiré par les Titans avec des jouets hors de son lit. Ce que viserait un des plus mystérieux fragments d'Héraclite : « L'éternité est un enfant qui joue aux dames, souveraineté d'un enfant. »

Tout ceci semble en contradiction avec les moqueries qu'Héraclite profère à l'égard des Mystères.

Voulais-je à une époque introduire cette longue glose quelque part ? Le serpent cornu devait me plaire, le père et le fils qui ne font qu'un aussi. Vers l'âge de dix-huit ou dix-neuf ans, j'ai lu Héraclite. J'ai inséré un fragment célèbre au passage de la famille Manson à la station-service de Sunset Blvd où Charles Tex Watson va se laver les mains après la mort de Sharon Tate. Le visage de Jerry Lewis à la télévision est comparé à un « tas d'ordures jetées au hasard ».

J'ai eu un plaisir de promeneur solitaire à graver cette vieille formule en plein bois sacré de Hollywood dans des toilettes de station-service.

Un mauvais jour, avant que je me mette au travail, avant le RMI, j'étais radié de la Sécurité sociale, ce devait être en 1986 ou 1987, j'ai demandé à mon père de signer une feuille de soins à ma place. Il a refusé à cause de la mention « J'atteste sur l'honneur... ». Il m'a dit d'un ton ferme qu'il ne mentait jamais.

Lorsqu'il s'est présenté en 1944 au bureau d'engagement de la SS avenue Foch après avoir fugué de son domicile de Marseille avec un camarade (sans doute le fameux Jacques du *Vieux Capitaine*), il a signé plusieurs documents. L'un d'entre eux était une fiche de renseignements où il donna sa date de naissance, un autre un serment jurant sa fidélité jusqu'à la mort à Adolf Hitler.

La date du 12 juin 1927 était vraie. Il n'avait pas encore dix-sept ans, il fut donc refusé faute d'attestation parentale.

Le serment l'a empoisonné toute sa vie durant. Au médecin de SOS venu l'ausculter le 15 août dernier, voyant qu'il était juif, il s'est empressé d'avouer sa faute, s'attirant cette réponse excellente : « Je ne fais pas de politique. »

Dans un texte de 1955 (*La Connaissance*) qui lui a valu d'attirer l'attention d'Aragon, il défendait le paradoxe suivant : « Si tu te vends à Dieu, c'est au diable que tu te vends. Si tu te donnes au diable, c'est à Dieu que tu te donnes. Alors de quoi as-tu peur ? »

En rangeant ce qui précède, comme tous les matins avant de travailler, je mets en italiques *La Naissance de la tragédie.* Pour Nietzsche, l'inspiration, la matière alme de ce souffle-là est dans la musique plus encore que dans la poésie. Plus raffinée. Il faut que je relise la notice de Breton dans l'*Anthologie de l'humour noir.* Celle sur Nietzsche, je ne sais même pas si je l'ai jamais lue. C'est Michel Carrouges (1910-1988) qui m'y a fait penser hier au bistro, en attendant Eva. Il en cite des morceaux superbes.

Carrouges... Ce nom ogresque, entre Tiffauges, le château de Gilles de Rais, et « bas-rouge », chien beauceron au masque noir, terreur de mon enfance, cache un bonhomme à lunettes l'air inoffensif. Mon père a assisté à son éviction du groupe surréaliste. Breton l'aimait bien, il ne voulait pas être méchant, mais les jeunes, les nervis, Schuster et Cie, peut-être aussi Peret, l'ont convaincu de l'injurier au téléphone, parce qu'il était chrétien. Voilà pour l'ambiance de l'époque (1950).

En fait, je croyais que c'était Rodanski, le dernier exclu. On oublie Carrouges, un compagnon de route. Après ça, il y avait de quoi finir dans une soucoupe volante... Le catholicisme mène à tout... Il appartint à la société Acéphale avec Bataille et Klossowski. J'ai vu sur Internet que son livre sur les soucoupes volantes, Roswell, etc., était plus célèbre que son bel essai sur Breton et le surréalisme, j'ai aussi *Mystique du surhomme* quelque part sur mon bureau, pas loin de Renéville... Le livre de Carrouges, *André Breton et les données fondamentales du surréalisme*, s'intéresse aux liens du surréalisme et de la tradition. Du surgissement ici et là de la théorie occultiste du point suprême (*Second Manifeste*). Kabbale et *Zohar* sont cités à l'appui. Ainsi que Nicolas de Cues, John Dee le kabbaliste anglais, *Les Noces chymiques de Christian Rosenkreutz* et *Le Symbolisme de la croix* de Guénon.

Lu la notice de *L'Anthologie de l'humour noir* ; elle est tellement belle que j'ai envie de la citer ici. Recopier, c'est aussi intéressant que d'apprendre par cœur. On attrape quelque chose que la lecture seule ne donne pas. Un peu comme la marche à pied par rapport à la voiture.

Il est frappant que Nietzsche se soit recommandé à la vigilance des psychiatres en signant l'admirable lettre du 6 janvier 1889, dans laquelle on peut être tenté de voir la plus haute explosion lyrique de son œuvre. L'humour n'a jamais atteint une telle intensité, aussi ne s'est-il jamais heurté à de pires bornes. Toute l'entreprise de Nietzsche tend en effet à fortifier le « surmoi » en accroissement et en élargissement du moi (le pessimisme présenté comme source de bonne volonté ; la mort comme forme de la liberté, l'amour sexuel comme réalisation idéale de l'unité des contradictoires : « s'anéantir pour redevenir »). Il ne s'agit que de rendre à l'homme toute la puissance qu'il a été capable de mettre sur le nom de Dieu. Il se peut que le moi se dissolve à cette température (« Je est un autre », dira Rimbaud, et l'on ne voit pas pourquoi il ne serait pas pour Nietzsche une suite d'« autres », choisis au caprice de l'heure et désignés nommément). Il est vrai que l'euphorie fait ici son apparition : elle éclate en étoile noire dans l'énigmatique « Astu » qui fait pendant au « Baou ! » du poème « Dévotion » de Rimbaud et témoigne que les ponts de communication sont coupés. Mais les ponts de communication avec qui, si l'on est tous, tous en un seul, du même côté ? « Toutes les morales, nous dit Nietzsche, ont été utiles en ce sens qu'elles ont donné d'abord à l'espèce une stabilité absolue : dès que cette stabilité est atteinte, le but peut être placé plus haut. L'un des mouvements est inconditionné : le nivellement de l'humanité, les grandes fourmilières humaines, etc. L'autre mouvement, mon mouvement, est, au contraire, l'accentuation de tous les contrastes et de tous les abîmes, la suppression de l'égalité, la création d'êtres tout-puissants. » On ne délire que pour les autres et Nietzsche n'a jamais présenté que pour de petits hommes des idées délirantes de grandeur.

Heureuse surprise de retrouver le poème « Dévotion », déjà cité aussi dans *Nadja*. Breton est fidèle dans ses goûts. Il se tient à un petit corpus d'objets en collectionneur éclairé. Cette notice, comme toutes celles de *L'Anthologie* donne la note pure. C'est lui, l'homme que je vois, bien plus que dans tous les catalogues de ventes aux enchères. Breton m'apparaît ici proche de Bataille, plus que jamais, ils sont vivants tous les deux, près de moi, attentifs, dès que je les lis, comme ces amis dont parlait Montaigne. « Il ne s'agit que de rendre à l'homme... » Voilà, c'est simplement pensé, et clair.

*

En relisant, j'agrandis les caractères sur l'écran de mon ordinateur et je tombe sur cette phrase : « Il se peut que le moi se dissolve à cette température... »

Je comprends pourquoi, après l'avoir trouvée trop longue, j'ai décidé de maintenir la citation. Certaines paroles touchent au cœur sans qu'elles soient adressées. La consolation n'est pas le fait d'un homme, mort depuis cinquante ans, mais d'une voix. Qui dirige cette voix ?

Il oublie que la folie de Nietzsche est bête comme toutes les folies. Le malade que j'avais devant moi à Cochin le 16 août dernier, conscient de la pauvreté de son délire (une paranoïa ordinaire), n'osait pas l'exprimer en ma présence, la réservant à ma mère, à l'intimité. Devant moi, il se limitait à des sous-entendus. Toute pensée qui prend des précautions n'est pas une pensée forte. Les automatismes, les facilités du délire sont dépistés dans un premier temps par l'intelligence. Le sens critique ne s'éteint pas d'un coup, privilège des prudents, de l'âge aussi. Mais la suggestion morbide, le poison finit par l'emporter.

La poésie, c'est la confidence assumée, le contraire de la pauvre méfiance paranoïaque. Donner à mon père le nom de poète quand il dit des bêtises ordinaires, entendues dans tous les asiles, c'est au pire une confusion, au mieux une réaction d'orgueil face au délire de l'être aimé. Il se dévalue, donc on lui rend sa couronne.

L'intelligence de mon père, son goût que je n'ai jamais remis en question sur le domaine le plus important pour moi étaient un Graal.

Le Graal avait disparu. J'avais en face de moi l'œil d'un tableau d'asile de Géricault. Cette disparition était plus douce que la mort, car au fond je n'avais pas perdu espoir que son intelligence ressuscite.

Les lectures m'évitent de perdre mon temps dehors. J'y lie des amitiés très vives et qui m'apportent plus que les gens vivants, car ils ne me découvrent que le meilleur de leurs pensées. Ils servent aussi à ce plaisir de l'âge mûr : se remémorer les amitiés passées, ressusciter les morts. Trouvée avant-hier chez un bouquiniste une vie de Schwob par Pierre Champion.

Aussitôt, je tombe sur un suicide. Un ami d'enfance de Schwob avec qui il devait écrire un livre sur l'argot louchébème, son premier projet d'adulte à seize ans, Georges Guieysse, s'est tiré une balle dans la tête pendant la préparation de sa licence. À son propos, Léon Daudet évoque une faiblesse de caractère : une incapacité à résister à l'*impulsion* du moment. L'inspiration, c'est aussi l'impulsion, c'est aussi la tête qui explose, le passage à l'acte brutal. Entre seize et vingt-cinq ans, ça arrive, non pas aux meilleurs (les meilleurs sont des durs-à-cuire), mais à ceux que la déesse visite sans leur laisser le temps d'acclimatation. Une visite trop brève, une vision de l'au-delà, et pan ! D'après Léon Daudet juste avant, Guieysse s'était confié, une illumination : « Le monde est mauvais. » On avait essayé de le consoler, mais non, rien à faire, le soir même il s'est tué. Fut-il bien inspiré ? Breton jugerait que oui.

En écho, je pense à Philippe S, ce peintre qui fut un ami très proche. Il s'est tiré un plomb dans la tête à vingt-cinq ans en septembre 1986. J'ai longtemps visité la tombe de Philippe au Père-Lachaise. Puis j'ai lâché. La dernière fois, je ne l'ai pas retrouvée. En revanche, il y a une friperie en bas de chez lui à Marcadet-Poissonniers où va souvent Eva. Je regarde du boulevard Barbès la petite fenêtre, le jour de souffrance d'où nous apercevions Montmartre montés sur une chaise. Je pense à lui, trente ans après. Il a raté ces années. Après tout, pourquoi pas ? Avec lui, c'était l'amour, nous prenions de l'héroïne et nous partagions une femme. Un printemps gai, les dernières singeries en vers, des coups de revolver (il aimait les armes), des bagarres. Un autre ami peut-être encore plus fraternel, Francisco (le bon lecteur évoqué plus haut), se tira une balle de petit calibre dans le cœur dix ans après au Chili dans la cuisine de ses parents avec un pistolet à chat (selon le policier venu constater). Sa mère m'a écrit : « Son manque de vulgarité l'a tué. » Sur le moment, j'ai trouvé ça sublime. Avec Francisco, c'était plus cérébral qu'avec Philippe, la peinture, la littérature. Le Chilien lisait Dante, Cervantès et Shakespeare dans le texte, insomniaque, très chic, très beau, les yeux clairs, un merveilleux appartement sur l'île Saint-Louis. Il aimait les femmes à grand nez. Durant ses insomnies, Francisco aiguisait un poignard des SAS pour se l'enfoncer entre les côtes. Il me parlait de Potocki qui limait tous les jours le haut du couvercle d'une théière pour en faire une balle d'argent qu'il s'est tirée dans le cœur.

La femme à la chevalière appartenait aux Potocki par des liens de famille. C'est dans une auberge de la Sierra Morena que s'arrête la première partie d'*Occident*, bref la trame est serrée. Le cœur de Francisco est cousu dans l'âme de mes livres. On ne se fâche pas avec ses morts.

Quoique... dans un roman, écrit dix ans après son suicide, j'ai insulté sa mère, citant la lettre qu'elle m'avait envoyée, « son manque de vulgarité... » Enfin ce n'est pas moi qui l'insultais, mais mon personnage. Et puis ce n'était pas sa mère, mais la mère d'un personnage que j'ai baptisé le Chilien et qui est un mélange de Francisco et de Michael, un autre copain. Comme l'a remarqué avec justesse un critique, le style indirect libre, forme généralement employée aujourd'hui, crée un doute. Pourquoi mon héros traitait-il cette femme de « connasse » ? Par rage contre les femmes et leur sollicitude qui cache un désir de mort. Quand un homme se suicide, j'ai tendance à chercher du côté de la mère... Mon personnage aussi. « Manque de vulgarité », voulait-elle dire par là qu'il n'avait pas accepté l'infidélité de sa femme, ou alors qu'il n'arrivait pas à gagner sa vie ? Une impuissance que nous partagions, et dont la seule lettre que j'ai gardée fait preuve : « Je cherche du travail mais je ne sais pas où ça se trouve... » m'écrivait-il avant de mourir. Une mère qui parle de « manque de vulgarité » m'évoque une femme qui déplore en public le manque de virilité de son amant. En tout cas, pour moi à cette époque, après le rêve de la jeune enterrée vivante. Je voulais m'extirper, m'enfuir de cette vie où je m'étais enfoui pendant treize ans.

Voilà tout ce que cinq lignes d'un livre acheté une fin d'après-midi d'automne peuvent faire défiler. Lire, c'est aussi se contempler. Quand je lis trop, Eva me reproche de me regarder dans un miroir.

*

Schwob dit quelque part dans un carnet écrit à seize ans : « On ne possède pas l'instinct de sa passion, il faut la découvrir. » Dans mon cas, c'était vrai.

Avec Schwob, nous avons pour point commun d'avoir lu en latin et rêvé sur le *Satiricon*. Mon modèle littéraire lorsque j'ai commencé le premier livre (je parle de la forme), c'était ce roman mutilé, fragmentaire, comme une mosaïque déchirée par un cataclysme, un film vu enfant dont j'aurais raté la plus grande partie, une soirée droguée dont les épisodes péniblement reconstitués le lendemain s'enchaîneraient mal. Avec des sauts, des coq-à-l'âne. Des ellipses. Après j'ai renâclé devant l'ellipse. Je n'ai jamais vraiment réussi à raconter une histoire non plus. Le second roman se traînait au contraire comme une âme en peine. J'ai bien torturé la muse, un supplice chinois, je voulais qu'elle crache comme une sorcière sur un chevalet. Un goût pour le bourreau que Schwob et Maistre ne me reprochaient pas.

J'avais peur d'attendre. Je pensais qu'en forçant j'améliorais ma manière d'écrire, je voulais être plus exact. J'avais toujours en vue le nouveau roman, Sarraute et puis Joyce et surtout le mythe du « grand livre », ambition qui m'aidait à continuer.

Où sont passés ces garçons ? Leur âme a-t-elle survécu à l'extinction de leur esprit ? Voyage-t-elle toujours ? A-t-elle oublié leur existence, ce corps que je vois sans même fermer les yeux, leurs mains, leurs pieds, la couleur de leur peau ? Ça serait dommage, ils étaient beaux. La nouvelle de leur mort fut dans les deux cas une grande surprise.

L'ombre de Francisco ne m'a jamais visité la nuit. Celle de Philippe, oui, je crois, je ne sais plus. Où sont-ils allés, ces souffles de cinquante grammes, âme que le sculpteur de Saint-Denis a représentée sortant de la tête de Dagobert pour monter dans la barque aux diables rattrapée par saint Éloi ?

J'ai recueilli la présence de Francisco à Rome lors d'un des voyages solitaires que j'ai accomplis un printemps. J'avais un peu d'argent, je suis allé voir pour lui la villa Farnésine sur les bords du Tibre. En bas du Trastevere, une voie endormie près d'un quai encombré. Un jardin de lieu public, mal tenu. J'y suis resté allongé sur un banc à regarder le ciel. D'abord j'avais visité un tableau dont il m'avait parlé : *Les Noces d'Alexandre et de Roxane*. J'avais sa voix en tête à l'époque plus qu'aujourd'hui : « La sublime lumière dorée. » J'ai vu cette lumière d'or, devant flottaient des particules, une poussière romaine qui créait un effet de flou, où les poupées du Sodoma répétaient la même cérémonie, comme une initiation depuis cinq cents ans. Les figures avaient à peu près la taille de celles de la villa des Mystères, celle des automates. J'étais seul,

« en voyage de noces avec moi-même » disais-je pour rire. Cette nuit-là, j'ai dormi sur une plage à Ostie. Là où meurt le monstre de *La Dolce Vita*. Partout des discothèques, j'avais un blouson blanc. Plus d'argent liquide, plus de taxi. À des kilomètres de la gare, j'étais parti saoul sans réfléchir à mon retour. J'ai dormi sur un lit de plage, j'étais rentré par la palissade. J'ai pensé que ça l'aurait fait rire, le Chilien. À l'époque, je ne croyais plus à l'éternité, j'avais quarante-six ans. Dix de moins. Lui était mort depuis dix ans. Voilà donc vingt ans qu'il erre.

*

Après cette visite, l'été 2007 à Biarritz j'avais écrit une nouvelle que j'ai perdue. La même chose, le banc, le ciel bleu. J'y avais inséré une description de la fresque du Sodoma. Un exercice classique, le bouclier d'Achille, les marches sculptées du purgatoire de Dante. L'inspiration que m'avaient soufflée la peinture et l'âme de mon ami, relayée, étayée par l'imitation, la description scrupuleuse du tableau. L'encollage de la description à l'intérieur de mon souvenir. Comme les textes en trois corps dans les anciens Guides bleus. Plusieurs niveaux de lectures : des caractères en corps ordinaire pour une visite rapide, plus petits pour un inventaire plus précis, plus petits encore pour les détails. Le visiteur choisit. Pour ma part, je pense que l'essentiel est dans les reliquaires, les descriptions détaillées.

J'avais oublié ! Ce n'était pas ma description que j'avais insérée, mais celle que Lucien de Samosate a faite d'un tableau d'Aetion, un peintre fameux dans l'Antiquité. Tableau disparu mais dont la description *a inspiré* le tableau de Giovanni Antonio Bazzi, dit le Sodoma.

C'est dans ce jeu de miroirs, dans cette mise en abyme, que le rapport de l'inspiration et de l'imitation est saisi plus vivement que nulle part ailleurs.

> Le tableau représente une chambre à coucher très belle avec un lit nuptial. Roxane, vierge d'une beauté parfaite, est assise, les yeux baissés, confuse d'avoir Alexandre devant elle. Des amours souriants l'entourent ; celui qui est placé derrière elle enlève le voile qui lui couvre la tête et la montre du doigt à l'époux ; un autre, gracieux serviteur, lui dénoue sa sandale, car elle est prête à se coucher ; un autre encore, qui a saisi Alexandre par son manteau, s'efforce de l'entraîner vers Roxane.
> Le roi tend une couronne à l'épouse ; compagnon et paranymphe, Héphestion se tient près de lui, une torche allumée à la main, et s'appuie sur un beau jeune homme qui, je crois, est Hyménée, mais son nom n'est pas inscrit. Dans une autre partie du tableau, d'autres amours jouent avec les armes d'Alexandre ; deux d'entre eux portent sa lance avec l'air de portefaix pliant sous le poids d'une charge ; deux autres, tenant le bouclier par les courroies, portent un de leurs compagnons qui s'est assis dessus pour jouer au roi. Un autre qui s'est glissé dans la cuirasse posée à terre semble les épier pour leur faire peur quand ils seront près de lui. Aetion ne les peignit ni par divertissement ni par caprice, mais il voulut marquer la passion d'Alexandre pour la guerre et montrer que l'amour de Roxane ne lui fait point oublier les armes. (Texte de

Lucien reproduit par L. Gielly dans un vieux livre sur le Sodoma, Plon, coll. « Les maîtres de l'art »).

Lucien. C'est un des personnages de Dickens, un des amis de mon enfance, Pierre Josse, qui aimait Lucien. Il en parlait devant moi autant que d'*Ulysse* de Joyce, son autre livre d'élection, riant comme s'il s'agissait d'anecdotes vécues. C'est à lui que j'ai dû de lire Lucien à l'âge de la Sorbonne.

Mon ami Francisco aurait voulu faire le métier des armes. Il devait intégrer l'école des cadets de marine en septembre 1973 quand Pinochet a pris le pouvoir et que son père, proche d'Allende, a dû choisir l'exil, Madrid d'abord, puis l'île Saint-Louis.

Il s'est suicidé par amour. L'armure d'Alexandre, le sens du tableau corrobore la présence que j'ai ressentie en allant visiter la villa romaine, cette Farnésine au nom si joli.

*

Paul Léautaud sur la mort de Schwob :

Lundi 27 février 1905 : – Je descends ce matin pour acheter le foie de Boule. La femme de ménage avait acheté le journal. Cependant en passant je m'arrête chez le marchand de journaux. J'en regarde quelques-uns, le *Gil Blas*. Je l'ouvre machinalement à la première page un titre : Marcel Schwob. Je pense aussitôt : un article sur Schwob, il peut me servir de document pour ma brochure. Je lis le début : Marcel Schwob vient de mourir…

La mort de Schwob est un des meilleurs passages du *Journal littéraire*. Elle me surprend à chaque lecture. Léautaud est en train de faire ses courses quand il voit sur un journal le nom de son ami. Comme il prépare un article sur lui, il regarde mécaniquement et lit l'annonce de sa mort. Saisi, il achète le journal, le glisse dans sa poche *sans le lire plus* et attend d'être remonté chez lui pour l'ouvrir. Avant, il prend le temps de passer chez le tripier pour son chat. L'effondrement des sentiments à la lecture du titre « Marcel Schwob est mort » chez le marchand de journaux ressemble à Proust, la lettre d'Albertine, puis la séance chez le tripier avant la lecture du journal roulé dans la poche, du Huysmans en plus fort, du Flaubert plutôt, mais lâché.

En relisant ce matin cette page de février 1905, je ne retrouve rien de l'émotion que je viens de décrire au-dessus. Une phrase seulement, d'une simplicité banale : « Quelle impression nous fait la mort, quand il s'agit de gens que nous connaissons, que nous voyons fréquemment. » Le souffle de l'émotion ne vient pas des mots, qui ne laissent aucune prise. Une « impression » non qualifiée, à peine exprimée, a pourtant éveillé chez moi un tel écho. J'ai dû me rappeler en la lisant la manière dont j'ai appris la mort de Philippe ou de Francisco. C'est l'amitié que j'avais pour Schwob qui m'a ému en lisant ce passage la première fois. Je me sentais triste comme si je l'avais connu moi-même. Mort ! Alors que le premier tome du *Journal* était à peine entamé... Mon amitié fondée sur quelques lectures, mais surtout sur un amour commun pour Ann, la petite prostituée de Thomas de Quincey dans *Le Livre de Monelle*. La mort de Schwob me renvoie à la dernière vision d'Ann telle que la raconte Quincey dans *Les Confessions d'un opiomane anglais*, puis Baudelaire dans *Les Paradis artificiels*. Elle a créé le lien... Mais qui est-elle ? Quel pouvoir possède-t-elle sur moi ? Quel lien avec Eva ? Lien qui précède l'arrivée d'Eva, puisque je lisais *Le Journal littéraire* et que j'ai déjà écrit ailleurs sur la mort de Schwob avant de la rencontrer. Sans penser, je crois, à la piste Quincey – qui est pourtant la bonne. Je me souviens aujourd'hui d'Eva, il y a un an à peine, lisant sur le petit canapé vert qu'elle occupe dans mon bureau près de la cheminée un volume de Schwob, *La Lampe de Psyché*. Une jolie reliure bleue datant de 1907, deux ans après que Léautaud a décrit ce qui précède. J'avais un grand plaisir à lui faire lire Schwob qu'elle aima très sincèrement. Le jeu de miroirs remontait loin, un infini de corridors, des siècles en velours vert et cuir bleu... jusqu'à la nymphe.

Je ne cache pas qu'à certains moments l'écriture de ce livre réveille une appréhension, celle du « retour des forces du passé » qu'évoque Breton à propos des ruines.

Moi qui n'ai que peu écrit sur ma famille, que le sujet n'intéresse pas, à la différence d'Eva et peut-être encore moins aujourd'hui à cause d'elle, je me tourmente, la nuit lors de mes insomnies. Sans doute ces rêves que j'oublie pour la plupart ne sont-ils pas bons, ou du moins désagréables.

Lorsque j'ai questionné mon père sur la poésie, comment devient-on poète – question que Schuhl a trouvée très intéressante quand j'en ai parlé après coup –, j'ai senti de la retenue. Il résistait. L'histoire de Négus était sortie comme ça. Mais, une fois qu'il a compris que je le questionnais, une légère méfiance se fit jour.

Comme si, en parlant de cela, il allait faire disparaître quelque chose à quoi il tenait. Un secret. Je me suis même dit en repartant qu'il fallait que j'arrête mes investigations. J'avais peur de le blesser, puis, le temps aidant, quelques heures, une nuit de sommeil, c'est mon scrupule en soi qui m'a dérangé. Il me semblait que j'attentais à mes propres forces en allant chercher par là. J'avais levé un instinct différent de l'amour paternel.

Une rivalité plus sauvage que l'Œdipe.

J'ai souffert de peurs enfantines très intenses. En pleine nuit j'appelais souvent ma mère au secours. Le danger naissait dans l'obscurité, en général une bête formée par des vêtements ou des objets laissés sur une chaise. Je me souviens que j'étais effrayé par les chiens dans la rue, une tête de sanglier dans un restaurant, une jeune fille aux seins coupés peinte dans un couvent où mon père a acheté de vieilles éditions reliées du XVIIe siècle, forts volumes au cuir noirâtre et craquelé par je ne sais quel incendie que je vois toujours derrière lui dans la bibliothèque quand je viens déjeuner.

Je pense que mes hurlements nocturnes devaient être pénibles. Surtout à l'époque où mon père a connu une première crise de folie en 1969. Une crise que ma mère m'a toujours expliquée comme une « dépression nerveuse ». Elle faisait suite à un voyage à Lausanne où il avait rencontré un ami de René Guénon, Frithjof Schuon. Nous l'avions accompagné avec maman, je me souviens des cygnes sur le lac.

Le mal corrigé par une cure de Valium a laissé des traces. Dernièrement, il a évoqué devant moi « la *sinistre* Gnose ». Il m'a communiqué sa répulsion pour Guénon.

Son départ du groupe surréaliste s'est fait à cause d'un trait de caractère qui le pousse à rechercher la domination pour ensuite s'en détacher. Breton, Aragon puis cette tentative malheureuse de se trouver un maître scandèrent une recherche qui devait se finir au sein de l'Église catholique. Le pacte faustien de 1944 laisse son empreinte. Le serment à Hitler ne pouvait être racheté qu'à ce prix.

Vue sur Internet une photographie de Schuon habillé en burnous avec un jeune tigre sur les genoux. En ramassant un de ses livres, *Les Stations de la sagesse*, je fais tomber sur le tapis un marque-page : une photographie d'amateur représentant une femme à deux têtes. Le modèle a bougé, créant un fantôme ectoplasmique. La femme de type arabe est belle.

C'est sans doute à cause de ce voyage que j'aimais un épisode de Tintin (*L'Affaire Tournesol*) où Tintin se rend en Suisse pour rencontrer un savant, un ami du professeur Tournesol qu'il ne connaît pas. Arrivé à l'hôtel Cornavin (j'aimais ce nom), l'homme a disparu, enlevé par les Bordures.

Je me demande si mon père qui marche en silence la nuit prenant force précautions pour ne pas qu'on l'entende (ce qui évidemment a l'effet contraire) n'a pas été tenté de nous assassiner, ma mère et moi, à l'époque de la crise de 1969. Avant de se suicider comme Alain Cuny dans *La Dolce Vita*.

La note du Mercer « Mansfield-Maserati-Héraclite-Orphée » me renvoie à Zagreus. Un fragment essentiel de la tradition orphique touche le mythe de Zagreus, premier avatar de Dionysos. Les Titans auraient tué, dépecé et dévoré le jeune dieu Zagreus, fils de Zeus-serpent et de Perséphone, après avoir piégé l'enfant (ou l'enfant-serpent) en l'attirant avec des joujoux : un hochet et un petit miroir. Le seul morceau à échapper à leur appétit fut son cœur avalé par Zeus qui lui redonna ainsi naissance une seconde fois (il devint Dionysos, le deux fois né). En châtiment de ce forfait, les Titans furent foudroyés par Zeus. C'est de la cendre des Titans que la race humaine serait née, porteuse pour une part du déchet titanesque (le mal) et pour l'autre d'une minuscule parcelle d'immortalité, fragment divin indigérable par les monstres (l'âme, le bien). Seules la mort ou l'initiation permettraient à l'homme de débarrasser de la poussière titanesque et de purifier ce qu'il reste en lui de Zagreus.

Cette tradition originaire de Thrace apparaît pour la première fois en Grèce autour du VIe siècle avant J.-C.

La dévoration de Zagreus aurait partie liée aux mystères d'Eleusis.

Un savant (je ne sais plus qui) défend l'idée que si le nom de Zagreus n'est jamais cité ou presque dans l'Antiquité, sauf à la toute fin, au début de l'ère chrétienne, c'est que sa personne et son nom étaient touchés par l'interdiction formelle faite aux mystes de le prononcer hors de l'initiation.

La personne divine de Zagreus, fils de Zeus serpent, le « petit cornu » d'après le poète dionysiaque Nonnus, était-elle bonne ? En quoi se range-t-il dans l'ordre du bien ? Mystère. L'accouplement de Perséphone avec le grand reptile est l'objet chez Nonnus d'une description très sensuelle, signe de décadence. La beauté non sexuelle de l'Olympe (propre à l'art grec selon Schopenhauer) est oubliée. Ce n'est pas la brutalité d'un culte archaïque, mais un raffinement pervers. On dirait du cinéma, *Possession* de Zulawski.

Que la violence soit encore aujourd'hui au cœur de l'inspiration semble évident. Quiconque a connu cet entrain ou ce jaillissement de l'âme sait la secousse qui l'accompagne. L'impulsion extérieure est forte. L'ivresse, les drogues ne sont qu'une manière de prolonger l'effet – ou d'étourdir le manque. Au moment où le phénomène se produit, la moindre interruption peut provoquer une explosion de violence mauvaise. Horrible ou risible selon que les témoins sont accoutumés au phénomène. Ce n'est qu'avec l'âge que j'ai appris à dominer la peur et la colère que créaient en moi l'arrêt de ce fluide, la rupture de l'inspiration et sa fuite devant l'irruption d'un tiers ou un dérangement. Une rage comparable aux effets du sevrage ou chez l'adulte d'une érection qui cesse en plein accouplement. Celle du sorcier ou de Gilles de Rais, l'envie de mordre de la chair vivante, au sens propre du terme, est un symptôme que j'ai observé sur moi.

On s'habitue à cette rage. Il y a un libertinage de l'inspiration, une adresse à s'en rendre maître sans la refouler, à jouer avec tous les degrés de l'excitation qui ne vient qu'à l'usage. Peut-être ce jeu en diminue-t-il l'intensité. En ce qui concerne la poésie, l'irrégularité du flux fait partie des risques du métier, pour la prose, l'effort est tellement long et répété qu'une stratégie est obligatoire.

Le plus étrange est qu'il reste de la pureté là-dedans. Une question de musique, d'oreille, comparable au savoir-faire du comédien, quelque chose aussi qui n'appartient pas à l'ordre de l'imitation ou de la simulation. Une impression sensible, plus proche de celle que je ressens à l'approche de la vérité ou devant la beauté de certaines œuvres peintes ou musicales. La recherche du mot juste installe une durée rassurante. Des passages que j'ai écrits sentent le vrai plus que d'autres, une vérité identifiable avec le moi qui la met au jour mais qui ne se confond pas avec moi. Ce n'est pas de la sincérité, plutôt de la justesse. Je ne fais pas que me déverser, je reçois, j'écoute. Une sorte d'équilibre entre le monde réel et celui qui parle. Là, le goût entre en jeu. C'est le rejet de formes inférieures de l'expression, le choix que je fais à mesure que je cherche mes mots qui permet soudain à la chose écrite de sauter dans une dimension que je découvre à mesure que les mots viennent. L'effet d'oracle, l'impression d'un discours dicté ne se produit qu'après plusieurs essais manqués, comme certains sauts, certains enchaînements que le sportif accomplit soudain sans peine, avec l'aide du sort. On dirait qu'un vent divin souffle dans son dos, à son oreille pour le faire passer dans un autre monde.

La science n'est pas la sagesse, la formule est d'Euripide, je l'ai trouvée hier par hasard en lisant *Les Bacchantes*. C'est le chœur je crois qui la prononce. Il faudrait relire en détail et en grec les paroles de Tirésias sur l'impiété. Les morts sont ceux qui doutent, non ceux qui croient.

À mes débuts l'entrain réveillait la peur de l'emballement. Je me méfiais de moi, ou de cet autre qui s'exprime à ma place. Je me bloquais, par exemple, en m'arrêtant d'écrire quand ça marchait. Je sortais, j'allais déjeuner, faire une promenade, prendre un verre. À mon retour, toute légèreté envolée, je relisais le texte. Au lieu d'essayer de continuer, même si l'élan s'était brisé, j'exerçais mon sens critique sur le morceau que j'avais écrit. Je le corrigeais, remontant parfois jusqu'au travail de la veille ou de tous les jours précédents. La méthode que j'avais découverte chez Proust, par l'entremise d'un critique – je ne sais plus lequel, Barthes, je crois – et qui consiste à ouvrir le texte pour le « nourrir », rajouter à l'intérieur d'importantes et parfois monstrueuses précisions, brisant le rythme pour mieux serrer la vérité, préciser des détails, élargir le papier peint jusqu'à l'horizon, l'océan ou la mémoire, cette méthode du « bourrage », terme utilisé en psychiatrie pour les dessins de schizophrène, pouvait parfois porter ses fruits. Le livre ralenti par mes efforts me semblait moins facile, plus écrit, plus exact. Je me méfiais de ma pente comme si l'élan n'était que le symptôme d'une euphorie trompeuse, un glissement maniaque, une logorrhée.

Depuis, pressé par le temps, j'ai pris de l'assurance, j'ai observé que le premier jet, le discours du premier venu qui se présente sous ma main a un fil moins emmêlé, plus clair et souvent plus intelligible. Je ne parle pas de facilité de lecture, mais de simplicité d'expression. Quand j'écris ce qui m'est dicté, je dis les choses plus franchement, je prends le risque d'être entendu plutôt que jugé favorablement sur mon style ou le raffinement de mes rendus en termes de sensation.

L'instinct auquel je m'abandonne dans la vie pour tous les choix importants, je ne voulais pas m'y fier pour l'écriture, peut-être par un trop grand respect à l'égard de l'inspiration que je jugeais appartenir à d'autres, pour ne pas dire à *un* autre. En dehors des intermittences de Proust, j'avais été très impressionné par les souffrances de Flaubert, le sommet de l'art me semblait se tenir dans cette touche extrêmement travaillée, ce combat minutieux. Le dessin où j'avais fait des prouesses avant de me bloquer petit à petit sans arriver à trouver les solutions techniques à mes ambitions, faute de les avoir apprises, m'offrait à l'époque de la sédimentation, vers cinquante ans, le seul modèle à suivre. En littérature au moins j'avais la certitude de savoir y faire, et ne pas user de ce savoir-faire m'aurait semblé insensé. C'est à partir de ma rencontre avec Eva que cette manière de voir s'est modifiée.

Que me serait-il arrivé si j'étais resté dans la maison de la jeune emmurée, à limer mes épithètes, à fouiller la poussière ? Sûrement d'autres aventures, peut-être moins publiques. Je crois que je me serais étouffé, mais l'étouffement produit des œuvres. Au fond de moi je suis aujourd'hui sûr que rien n'aurait arrêté ce besoin d'écrire qui est autre que l'inspiration mais qui est suscité par elle.

L'élan initial, que je daterais du premier texte (celui frappé avec la Remington), suffit et peut-être même les vers idiots de ma jeunesse. Un tel rapport de forces entre une impulsion et ses conséquences ne se compare qu'aux premières émotions sexuelles qui me sont restées en mémoire, une petite fille très blonde, étrangère sans doute, que j'ai aperçue dans un couvent du Tarn où je passais mes vacances.

Les oppositions, les scrupules qui empêchaient tout résultat au début et qui m'ont bloqué si longtemps, jusqu'à quarante et un ans, au point que j'ai cru ne jamais pouvoir les dépasser, tenaient à l'état de la littérature contemporaine autant qu'à moi.

Au temps de ma jeunesse, avant même que je me préoccupe de décadentisme ou de Pétrone, la littérature française était extrêmement divisée, beaucoup plus qu'aujourd'hui. Il y avait d'un côté les modernes, constitués en gros par la poésie contemporaine, les structuralistes, le Nouveau Roman, le groupe Tel Quel... et de l'autre un conglomérat douteux composé pour partie de vieilles gloires finissantes et mal appariées (Malraux, Morand, Jünger), d'écrivains mondains (Sagan), décoratifs (Mandiargues) ou académiques (Jean d'Ormesson, Nourissier, Yourcenar, etc.). À quoi était venue s'ajouter pendant mes années de bohème toute une clique de jeunes talents plutôt conventionnels, souvent influencés par la littérature américaine. Sollers et les ascètes du matérialisme avaient tous changé de bord, les divisions esthétiques de ma jeunesse s'étaient transformées en simples rivalités de plume.

Les seuls écrivains vivants que je respectais alors, avec l'intransigeance mêlée de snobisme de ma jeunesse, étaient Guyotat parce qu'il était resté extrémiste, Sarraute qui avait gardé une certaine splendeur isolée, Duras dont j'aimais bien le côté esthétisant, et Sagan à cause d'un seul livre, *Avec mon meilleur souvenir*, recueil d'articles et de proses poétiques (la vitesse) hautement séducteurs. Archéologiquement, les années 1960 me plaisaient à cause d'auteurs oubliés du Nouveau Roman comme Baudry ou Ricardou... J'oubliais Denis Roche, ami de ma grand-mère, et *Louve basse*, que j'ai beaucoup pratiqué, j'oubliais surtout Francis Ponge. Tout le reste ne me plaisait pas. Autant j'admirais le Robbe-Grillet du *Voyeur* ou de *La Maison de rendez-vous*, autant je me méfiais de ce barbu, l'air méchant en sous-pull que j'avais croisé dans le turbotrain du Cotentin et qui n'avait plus pour lui que le nom de Robbe-Grillet et l'énervement jaloux qu'il suscita.

Truman Capote, mon idole, était mort et le reste des Américains m'étaient tous indifférents (Roth en particulier, favori d'un de mes cousins, qui me semblait une sorte de Woody Allen, un grand dégoût cinématographique). *Le Dahlia noir* de James Ellroy, livre qui m'a fasciné à cause du cadavre de Betty Short dont je connaissais déjà les photos grâce à Kenneth Anger, était un très bon polar, pour moi il s'agissait de littérature d'agrément, le genre de gros livre qu'on lit le soir pour s'endormir, même si on avait le goût des femmes mortes en commun. J'ignorais tout de Schuhl jusqu'en 2000 et la littérature « pop » à part Warhol, dont j'appréciais le livre de « philosophie » (surtout la seconde nouvelle sur Edie Sedgwick) me semblait du journalisme amélioré.

On comprendra que j'étais seul avec mes vieux livres où se mêlaient d'ailleurs certaines antipathies marquées : je négligeais Saint-John Perse, Claudel, ou René Char au rayon poésie officielle, Gide, Camus et Sartre pour leur moralisme, Giraudoux, Moravia, Mauriac, Chardonne dont les romans me tombaient tous des mains, Racine (ce « coiffeur », comme l'appelle Léautaud) ou Voltaire, que je ne trouvais ni drôle ni même plaisant, etc.

Bref, je me sentais un monstre, mais comme beaucoup d'autres j'aimais Céline, Proust, Joyce que j'avais beaucoup fréquentés, au point de connaître à fond certains passages. Directeur artistique sans œuvre, j'avais défini à vingt-deux ans dans mes carnets mon style à venir : une ligne objective-décadente, mélange de Nouveau Roman et de Jean Lorrain et, en marqueterie, des pastiches de Proust, de Sade, de Saint-Simon.

Ma paresse m'arrêta longtemps là. C'est Houellebecq qui m'a sorti de cette torpeur prétentieuse à cause d'*Extension du domaine de la lutte* conseillé à sa parution par un frère d'armes et qui m'a paru plus proche de moi que les autres contemporains. Ensuite, Schuhl m'a fait voir que ce que je connaissais de loin, le Paris mondain des années 1970, pouvait faire l'objet d'une œuvre. Il y avait aussi dans *Ingrid Caven* un fétichisme de la femme aimée qui me rappelait Klossowski. Il ne manquait plus que l'allumette, ce fut *Moi, Christiane F.* Entre-temps, j'avais appris la différence entre les livres inspirants et les modèles...

Pour finir sur une note agréable, je précise qu'au plus noir de mon époque dégoûtée (1989-1999) j'aimais Breton, Michaux, Bataille, Gracq, Le Grand Jeu, pour les modernes... Et que Huysmans, Crébillon, Apulée, Catulle, Verlaine, Corbière, Chateaubriand ou Sade... restaient des amitiés fidèles souvent sollicitées. J'allais oublier William Burroughs.

En sortant du bal « *fairy tales* » donné par Dior au musée Rodin, Eva me confie qu'elle trouve Platon « très fabriqué ». Pour disculper Platon, j'accuse le commentateur du *Phédon* Mario Meunier...

Eva est comme mon père, elle va toujours à la source, elle n'aime pas les études, les commentaires, leur préfère la lettre, l'écrit original. Elle rechigne aussi devant les biographies. Moi je prends tout, je trouve dans les critiques ou dans les témoignages des éclaircissements, et parfois même des caractères qui m'inspirent des personnages ou une manière d'aborder les choses.

Parfois, c'est une lecture fatiguée, rapide, dans un brouhaha, pour m'isoler d'un coup de téléphone donné près de moi. Je parcours un volume de Larbaud, je tombe sur un article de *Jaune Bleu Blanc*, « La lettre de Lisbonne ». Je ne fais pas gaffe, je lis entre les lignes, des mots, le Tage. Me revient un dîner près du Tage avec des Cubains, l'été dernier. J'en ferai peut-être une scène d'*Occident*, mon prochain livre, atterrissage de longues scènes de folie. Un dîner perdu dans une foule, un gala au bord du Tage. Le héros est près de la petite fille schizophrène, l'été de ses quinze ans à elle, il y a la lumière d'août dernier et puis du Larbaud, mais quoi. Un parfum. La petite fille ?

Le commentaire, c'est tout le temps, partout. Une conversation au café, au lit, un livre entrouvert. Hier vérifiée dans une librairie la théorie des « grands transparents », cette idée folle du *Second manifeste du surréalisme*. Carrouges m'a mis sur la piste. Long morceau sur les grands transparents dans *André Breton et les données fondamentales du surréalisme*. Lu vers sept heures, la veille, à Paris avant le dîner. Eva rentre. Je dîne, elle s'assied à son fauteuil qu'elle appelle sa « niche », fume et boit du vin rouge. De temps en temps, elle essaye un vêtement. Au coucher, elle me demande à quoi je pense. Je lui parle des grands transparents. Je lui explique cette étrangeté : des êtres animaux, transparents, plus grands que les hommes et qui interviennent sur leur destin. Très présents selon Breton dans le jeu du hasard objectif et... dans les tornades.

Eva me dit de son air le plus sérieux : « Oui, bien sûr, les grands transparents... » Suit une explication qui diffère de celle de Carrouges : les grands transparents, procédé d'après elle « courant au théâtre », ne sont pas des animaux, mais des ressorts, agissant dans l'invisible au long de la pièce et qui se manifestent à un moment donné objectivement. J'essaye de l'interroger plus avant, mais ses paroles se brouillent, je n'arrive pas à comprendre s'il s'agit d'un « truc » théâtral (les transparents utilisés pour les décors), d'un procédé d'écriture conscient ou non (une surimpression psychologique comme celle que Joyce croit deviner dans *Hamlet* : en transparence derrière l'acteur-spectre, Shakespeare s'adressant à Hamnet-Hamlet son fils mort, d'après la thèse de Stephen Dedalus dans *Ulysse*) ou encore d'une réalité secrète de genre initiatique. Impossible de démêler si Eva tire ce savoir de ses lectures ésotériques, des asiles psychiatriques, de conversations avec un metteur en scène de théâtre très fameux en son temps, aujourd'hui décédé qui fut son amant ou... mystère. Peut-être aussi essaye-t-elle de me filouter en jouant les initiées comme ça lui arrive quand elle a bu du vin.

Ce tropisme des grands transparents qui apparaît ici dans mon texte, comme un de ces poissons de profondeur dont on voit filer l'ombre à la surface, réapparaîtra peut-être après avoir été oublié, recouvert par d'autres lectures, dans mon écriture à un moment donné, poussé par l'inspiration, comme une idée originale. Pour être exact, il aurait pu l'être, si je n'avais pas écrit ces lignes et divulgué un objet qui restera désormais inventorié, épuisant toute possibilité d'avatar futur.

*

J'achète une biographie de Rimbaud par Henri Matarasso, parce que Matarasso était un ami de ma grand-mère, une relation du moins, et que j'ai entendu ce nom toute mon enfance comme « Étampes », « Follain » ou « Berggruen »... Je l'ouvre et toc, une phrase de Cocteau en préface attire mon œil.

> Il arrive, par exemple, qu'un poème un peu conventionnel de Baudelaire soit soulevé du sol et qu'il lévite par la puissance d'un seul alexandrin.

Cocteau exprime à merveille ma pensée : toute la valeur d'une œuvre peut reposer sur un seul passage. Mais la formule de Cocteau tient à la magie du soulèvement, la lévitation. Elle lui ressemble à lui, Cocteau, et me renvoie encore une fois au music-hall et aux tours forains que les grands transparents avaient inaugurés. Il est des pensées, des images qui se relient entre elles par des influences plus subtiles que mes actions volontaires. Tout l'art est d'y rester attentif en oubliant le reste : ce que je crois vouloir dire et qui n'est qu'opacité accessoire. Voilà une technique que j'ai développée comme un danseur ou un illusionniste depuis quelques années surtout.

Je sais que tout ce qui précède peut paraître obscur, mais c'est justement d'un entrelacs d'idées mal éclairées que naît chez moi l'envie d'écrire. Comme le rêve, l'inspiration procède par associations. Son germe créateur végète un moment dans cet état prénatal dont a parlé Gottfried Benn. Puis l'embryon arrive aux mots sans avoir pu être identifié avant. Il n'a pas d'autre existence avérée que les mots.

Depuis quelques mois, j'ai observé un autre processus, mon attention se fixe sur un point, un mot, un détail – par exemple, le mot anglais « raps » dans une lettre de Céline de 1944. Je me bloque sans raison d'une façon presque morbide. Peut-être parce qu'il détonne dans le tissu verbal parigot de Céline. Le « raps », comme je le découvre sur Google, est un synonyme de poltergeist. Un vacarme. Céline se dit terrorisé par des raps avant le grand déménagement en Allemagne – mais d'une manière étrange, étrangère, que dénonce sa pratique de l'anglais, au moment de la plus grande inquiétude... Ce qui me renvoie dans mon labyrinthe intérieur à la terrible anecdote racontée par Junger dans son *Premier Journal parisien* à la date du 7 décembre 1941 : un Céline (ou Merline ou Merlin) obsédé par la mort qu'il voyait près de lui comme un chien. Les raps sont évoqués dans le contexte de Saint-Malo. Merlin l'enchanteur victime de ses enchantements. L'enjôlé avant la geôle et peut-être la géhenne. L'écriture déclenche des forces. Ou alors c'est la fièvre. D'où l'importance des bruits, des badaboums dans cette période. Les bombes, oui, mais aussi la présence du Mal à ses côtés. L'inspiration vient aussi des forces paniques, du Malin en termes médiévaux.

En regardant des textes ouverts par hasard (ici la biographie de Céline par François Gibault), je fixe, je cristallise. Ça n'est pas innocent. En vieillissant, la libido se détraque, elle est souvent oubliée, obscure, je la crois disparue, mais voilà qu'elle se fixe. Une idée érotique, un fantasme et la machine redémarre. L'important est de rester bloqué. Le plaisir est à ce prix. Il faut que l'autre se plie. Je pense à Sade dont les personnages sont ainsi obsédés et se prémunissent de toute action, toute parole de l'objet, fille ou autre qui pourraient les troubler, leur faire perdre le fil. Ils deviennent mauvais si on leur parle.

J'ai été confronté à quarante-deux ans à un phénomène de vocation littéraire. Cela a pris d'abord, un soir, la forme d'un plaisir intense provoqué par un influx extérieur, puis, très vite, dès les jours suivants, d'une crise de conscience. J'étais remué comme quelqu'un que la foi vient surprendre alors qu'il vivait dans un confort moral relatif. Je n'avais pas envie de devenir écrivain, ou même de raconter une histoire qui m'aurait tenu à cœur, et pourtant j'avais commencé de l'écrire. Cette nouvelle instance agissait en moi avec force, je sentais qu'elle était de nature à mettre en danger un équilibre long à trouver.

Depuis un moment, mes préoccupations excédaient la capacité que j'avais d'en tirer parti par le dessin. J'avais des idées qui n'arrivaient pas à se formuler, des poussées d'allure obsédante ou adolescente qui ne trouvaient leur exutoire que dans l'alcool, la solitude, la contemplation de photographies (le cahier central de *Moi, Christiane F., Hollywood Babylone*) et la musique (vieux morceaux mille fois écoutés).

L'écriture, je l'ai dit, était liée à la vie matérielle, cette nouvelle vocation activa en une soirée des mécanismes bien rodés, une technique aguerrie par dix ans de travaux forcés dans le journalisme, mais aussi de trouvailles d'écriture improvisées et gardées en mémoire. Et en même temps, le résultat n'avait rien à voir, c'était de la littérature. Un saut. La matière du texte, le lien affectif qui me liait à lui était d'une nature différente proche du fétichisme magique. À distance de mon atelier de peintre, cette orangerie si belle, le clavier du vieux Macintosh posé n'importe où, dans mon bureau ou même plus tard dans une cuisine me plaisait par son côté pauvre et trivial. De cette laideur, de ce matériel de bureau racheté à bas prix au service informatique du journal qui m'employait pouvaient naître des apparitions plus évocatrices, plus dangereuses et plus vivantes que ces grandes silhouettes couleur de sang et de terre sur quoi je m'échinais depuis dix ans dans une atmosphère d'esthétisme ecclésiastique.

L'empreinte de la religion venait lutter contre cette passion. J'y voyais une capacité d'illusion et donc de mensonge si grande que je soupçonnais le diable là où j'aurais dû trouver la paix. La littérature où je me sentis aussitôt roué me semblait moins sincère que ma peinture maladroite. Tout, jusqu'aux vieilles traces de paresse ou ce qui n'est pas le contraire, un reste de vigueur juvénile, me retenait de plonger dans cette tâche immobile et patiente. *Salto mortale.*

Surtout, moins qu'une crise de conscience, je devinais la nécessité d'une orientation constante et d'un mouvement continu de l'âme vers cet idéal. Une conversion au sens médiéval du terme.

William Burroughs n'est pas un romancier imaginatif, encore moins fantastique. C'est un morne réaliste comme le sont souvent les drogués. Il était pourtant sujet à des états de transe, des moments de possession, de mania où il jouait des rôles qui allaient devenir ses personnages. Il construisait ses chapitres à coups de one-man-show, de singeries solitaires. D'où un certain décousu et une force aliénée très identifiable. Cette technique de travail oral est expliquée dans les *Lettres à Allen Ginsberg*, premier état du *Naked Lunch*. Il appelle ses monologues improvisés des « routines ». Ces petites comédies l'amusent bien. Je pense sans trop m'avancer que Céline, autre nihiliste, y avait recours aussi, plus discrètement. Le docteur Benway et le docteur Destouches sauraient de quoi je parle. Dans *Voyage au bout de la nuit*, le passage où Bardamu prend le parti de ses ennemis sur le bateau qui l'emmène en Amérique est très typiquement une sorte de jeu de rôles. Le côté « poussé » de la satire ressemble à une improvisation. Pour arriver à se prendre à son jeu dans le doute général, le manque de foi qu'on accorde à un écrivain moderne – à commencer par lui-même, le moins naïf des hommes quant à ses imaginations –, il faut y aller. Et pour y aller, il faut se laisser posséder, comme un enfant fou.

Une des dernières fois que j'ai façonné de la fiction pure à partir d'un matériel imaginaire sans l'aide d'aucune présence réelle, Jayne Mansfield, Eva, Sharon Tate ou autres... c'était il y a dix ans, en pleine période de défonce. Je m'étais mis en tête de créer une femme âgée de plus de soixante-dix ans, atteinte d'Alzheimer et qui s'endormait sur un fauteuil pendant une soirée. L'intrigue, assez maigre, m'a valu de passer un été à me tordre sur ma chaise d'église, en mimant par écrit les sensations de quelqu'un qui n'arrive pas à réunir assez ses esprits pour s'arracher de son fauteuil. J'appelais ça une « fantaisie nocturne ».

J'avais commencé par la description hallucinée d'un lustre à la suite d'un pari, le premier janvier à dix heures du matin à Senlis chez mes amis les G, où j'avais passé le réveillon. J'étais en redescente de cocaïne. L'ombre de Philippe Jullian, le portrait du duc de Guiche par Carolus Duran furent les fées de ces premières pages. Ensuite, je suis rentré par la route de Crépy à l'hôtel (ma maison était en promesse de vente) et l'enfer a commencé. Un an à patauger dans un moi dissous par la maladie, que seules la haine et l'envie de créer (elle était artiste) arrivaient à reconstituer momentanément comme une créature du limon. Introduit de force dans le corps de Thérèse, un prénom que j'avais choisi pour taquiner mon éditrice, je m'échinais à la faire vivre, et surtout à la faire voir, le plus difficile. Profitant des états de demi-folie où j'arrivais à force de rester seul à la campagne entre deux « go fast » à Paris.

Cet entêtement, endurcissement contraire de l'inspiration, a connu quelques moments de grâce. L'électricité fonctionnait par à-coups. J'avais de bonnes décharges. Je me souviens que j'étais fier de la manière dont je faisais apparaître les présences vivantes autour de mon héroïne. J'avais l'impression de sculpter dans le rocher du réel durci par le ralentissement neurologique, la figure de Lindsay, une jeune actrice américaine, ou de Justine, la suivante de Thérèse. C'était dur comme ce travail à la petite pointe et au marteau que j'admirais tant chez certains sculpteurs. La conversion médiévale était nécessaire à une pareille punition. Je me privais volontairement de liberté. Mon nihilisme aggravé par la cocaïne n'a jamais été si fort qu'à ce moment-là. Rigidité et aliénation allaient de pair. J'étais Thérèse. C'est le moment où je me suis arrimé à mon poste de travail : la chaise d'église, la table de ferme où ma manche encore aujourd'hui polit le bois jusqu'à lui donner la douceur de la soie, l'usure des génuflexions forcées.

Dans un livre célèbre en son temps, *Nausée de Céline*, un de mes professeurs de la Sorbonne a commenté la croisière africaine de Bardamu et la conjuration dont il est l'objet puis le complice. Jean-Pierre Richard explique l'explosion antisémite de Céline par une réaction contre la trahison intime de son héros. Céline aurait projeté cette angoisse de la corruption, de la dégradation, de la dégueulasserie de l'être sur le monde extérieur. Passant du subjectif à l'objectif, il devait se plier au déterminisme et trouver en médecin une cause microbienne à ce malaise général. Le juif, et derrière le juif, le nègre. Regonflé par la haine, il dénonce comme une maladie sociale ce qui était une faiblesse personnelle. La richesse de l'analyse, l'utilisation que Jean-Pierre Richard fait du vocabulaire manque dans le petit résumé que j'en fais ici. Mais je crois que le vrai moteur de la haine n'est pas tout à fait compris par ce brillant émule de Bachelard et de Freud dont j'entends encore l'accent chantant résonner dans l'amphithéâtre Richelieu.

Le phénomène de l'inspiration et ses conséquences inattendues échappent à l'histoire littéraire. Un critique aussi fin soit-il est un universitaire, un homme pensionné, un Provençal... Quand il a fini son cours, il va pêcher à la ligne, au concert, ou voir des expositions. Il ne peut comprendre la charge électrique, froide, diabolique, accumulée par ces improvisations dont je parlais au début. Les routines du drogué, la verve du médecin fou. La solitude absolue, le truc qui ne tient que sur soi-même. L'état de possession maniaque amène la violence. L'inspiration insuffle dans l'âme de l'écrivain quelque chose de mauvais, de haineux, de bestial. Verlaine n'a jamais été si fort que quand il battait sa femme. Les chiens de Céline à Meudon gardaient son âme au chaud, comme Cerbère qui n'attaque que les évadés, pas les arrivants...

C'est à force d'insister, de tirer sur la corde qu'on arrive à ce degré d'inspiration. La première idée venue est légère, poétique, pleine d'allégresse. Mais si on force – et le prosateur est obligé de forcer, de quémander, de harceler les forces extérieures, de branler jusqu'au sang –, eh bien, boum crac, c'est le souffle mauvais qui arrive. La machine s'échauffe. Au pire de son inspiration, William Burroughs écrivait à Ginsberg que sans les routines il ne pourrait pas survivre...

« *I live in a constant state of routine. I am getting so far out one day I won't come back at all.* » Dans la même lettre il relie cette possession à une interzone géographique : Tanger.

*

Jünger écrit à propos de Merline (Céline) croisé à l'Institut allemand rue Saint-Dominique :

> J'ai appris quelque chose, à l'écouter parler ainsi deux heures durant, car il exprimait de toute évidence la monstrueuse puissance du nihilisme. Ces hommes-là n'entendent qu'une mélodie, mais singulièrement insistante. Ils sont comme des machines de fer qui poursuivent leur chemin jusqu'à ce qu'on les brise.

La métaphore du panzer visant un écrivain français est amusante dans la bouche d'un militaire allemand, un « faux bonhomme », d'après Paulhan.

Le passage entier du journal, très écrit, me paraît fabriqué après guerre. L'auteur est un bon témoin fictif, il saisit bien la violence dont je parlais tout à l'heure.

*

Baudelaire, lui, haïssait les Belges.

En y repensant, je décèle dans l'explication que donne Jean-Pierre Richard aux pamphlets de Céline l'influence de Charles Mauron et de son livre *Le Dernier Baudelaire*.

Durant la réclusion finale à Bruxelles, l'aigreur qui se manifeste dès *Mon cœur mis à nu* et s'affirme dans *Pauvre Belgique*, humeur dernière du poète dont Mauron dit avec finesse qu'il perd l'« avarice de sa haine », suivant l'expression utilisée par Baudelaire lui-même dans *Conseils aux jeunes littérateurs*. Ce relâchement ressemble à la méchanceté verbale de Céline. Cet accident est fatal au poète aussitôt qu'il abandonne sa poésie pour une obsession sociale, ruinant son équilibre. La croissance de l'agressivité banale (haine des Belges), la vie agressive comme une zone de guerre le coupent du rêve qui l'alimentait. Le dandy se vulgarise... fragilité du poète. Le génie de Céline, à peu près au même âge, outrepasse cette faiblesse. Cette capacité de passer outre, il la doit à son travail de prosateur. Là où l'albatros s'abîme, le piéton, sa musette et ses « ours » continuent le chemin après la mort sociale. *Nord,* chef-d'œuvre de la fin, opère cette catabase ambulatoire.

Hier, mon père m'a parlé de mon frère Alain. Ce qui est rare. Il m'a raconté que la dernière fois qu'il le vit à l'hôpital où l'enfant est mort d'un arrêt du cœur, Alain était derrière une vitre. Il lui a fait les marionnettes avec ses doigts. Alain l'a regardé. Puis mon père est parti.

Ma mère s'est écriée : « Arrêtez de parler de ça. »

Le dernier regard d'un être vivant posé sur vous, c'est quelque chose... Même un chien avant l'euthanasie, c'est navrant, alors un enfant... Je pense que cette scène primitive de l'adieu a hanté toute ma jeunesse. Dans leurs yeux, je devais voir cela. D'où peut-être l'émotion très forte liée pour moi aux marionnettes.

> je connais peu de choses qui soient belles. je connais les marionnettes les couteaux les masques de carnaval et les papiers coloriés...

Il écrivait cela dans « Le livre de cuisine » bien avant la mort de mon frère.

Les couteaux et les masques de carnaval semblent inquiétants aujourd'hui à la relecture.

*

À peu près au moment de sa crise, en 1968 ou 1969, mon père a raté son permis de conduire. Un soir qu'il avait bu dans le Tarn il a insisté pour prendre le volant. Une route de la Montagne noire, la descente de Durfort à Malamort. Nous avons parcouru quelques kilomètres de tournant très rudes à toute vitesse. La Ford anglaise à pneus bordés de blanc crissait à chaque tournant au bord du précipice, ma mère hurlait. Ça m'a plu, je me souviens que je n'avais pas peur. Peut-être avais-je consciemment décidé de ne pas avoir peur. Arrivé en bas, il a rendu le volant et n'a plus jamais conduit. Depuis cette époque, je peux monter en voiture avec n'importe quel fou ou le dernier ivrogne venu. Non que je me contrôle, je m'en fous, j'ai confiance en n'importe qui.

Pour la même raison, l'aveu qu'il m'a fait quand j'avais vingt-six ou vingt-sept ans du serment à Hitler m'a laissé très tolérant à l'égard des exaltés, des extrémistes et des criminels.

Eva et moi, nous différons sur cette question. Peut-être parce que le père d'Eva est allé plus loin que le mien, en réussissant à s'engager chez les nazis. Ce point commun familial assez rare que nous avons découvert très vite est aussi un point de division. Eva se montre moins conciliante que moi sur les affaires « politiques », comme disait le médecin de SOS.

Selon la tradition antique, les enfers se situaient au nord de l'Europe. Je connais peu de lieux plus mystérieux que les carrières de pierre souterraines qui s'ouvrent à plusieurs endroits dans la forêt autour de notre maison. J'ai découvert leur existence en marchant, dès ces premières promenades d'exploration que je fis en plein hiver par une température glaciale, toujours en fin d'après-midi, à l'heure qui précède le crépuscule, c'est-à-dire en décembre et janvier dès trois heures, trois heures et demie.

Il s'agit d'excavations anciennes dont les issues abandonnées ont souvent disparu derrière un fouillis de végétation. Certaines sont exploitées en champignonnières, mais la plupart sont désaffectées. L'une d'elles s'ouvre dans un massif proche de chez moi, au lieu dit « Le bois des prêtres », sur le terrain communal du petit village de Violaine qui inspira à mon voisin Paul Claudel le nom d'un personnage. J'ai commencé par m'approcher du seuil en écartant les lierres, risquant quelques pas dans l'ombre sous une voûte de quatre à cinq mètres de haut. Un réseau de galeries se laissait deviner à certains moments quand le soleil déjà bas éclairait l'intérieur. L'air était humide, plus doux que dehors. S'il avait neigé pendant la nuit, je pouvais apercevoir les empreintes d'un sanglier solitaire.

Muni d'une lampe électrique, j'ai fait mes premières explorations. Les galeries s'enfonçaient sur plusieurs centaines de mètres en sous-sol. À certains endroits, la voûte était fissurée, laissant craindre un effondrement possible, à d'autres les accès condamnés derrière de hautes portes de bois ressemblaient à d'immenses caves d'immeubles. Il y avait des traces de présences humaines, vieux vêtements pourris, carcasses rouillées d'automobiles ou de machines agricoles. À certains endroits, des bassins avaient été creusés comme des baignoires.

Seul dans ces lieux désolés j'étais pris d'une angoisse liée à l'ensevelissement. L'idée d'une présence menaçante, animal, homme ou minotaure tapi dans l'ombre, m'effleurait parfois, mais elle était vite écartée par un bon sens puissant qui ne me quitte jamais. Je ne suis pas craintif, j'aime la solitude dans la forêt à la tombée du jour. Je me sentais à cette époque plus à mon aise parmi les bêtes sauvages et les grands arbres que dans une ville comme Paris à l'approche de Noël. Je jouis encore aujourd'hui d'atmosphères retirées que d'autres trouveraient lugubres. Il n'empêche qu'un certain malaise était attaché à ces cavernes artificielles, malaise qui allait augmentant à mesure que je m'enfonçais plus avant sous la roche.

Je croyais alors et je crois toujours à certains invariants psychologiques qui me lient par un fil sensible, un nerf toujours vivant au passé de ma race, à la civilisation gréco-latine que je ressens physiquement et intellectuellement comme ma racine principale et à d'autres rameaux dont j'ignore les extrémités. C'est pour moi très évident et si naturel que je vis avec cette idée tout le temps. Quand d'autres consultent la médecine, je cherche dans l'étymologie ou les dictionnaires.

Les liens entre le monde chtonien, les souterrains, la mort et la divination de l'avenir se trouvent éclairés à la moindre fouille dans les ouvrages anciens. Hier encore, j'ai relu dans plusieurs livres de ma bibliothèque les passages tirés de la littérature antique concernant l'antre de Trophonios.

Il s'agissait d'un oracle particulièrement ancien, situé en Béotie, patrie de Mnémosyne, à Lébadée. Trophonios, moitié serpent moitié homme, vivait enchaîné dans un gouffre, et les rites qui présidaient à sa consultation n'étaient pas sans ressembler à ce qu'on imaginait du parcours de l'âme après la mort. Toutes ces croyances se rejoignent et s'entrecroisent pour se perdre dans la nuit des temps.

J'avançais dans l'inconnu cet hiver-là. Ces visites souterraines que je prenais pour des fantasmes d'ensevelissement n'étaient que des tentatives d'y voir plus clair. Descendre en moi-même me permettrait de trouver le rocher sur quoi bâtir. Une initiation à l'autonomie.

Un soir j'ai cru me perdre. Il était un peu plus tard que d'habitude quand je m'enfonçai avec ma torche dans le dédale d'un réseau que je m'étais promis d'explorer plus à fond. Après une heure d'errance souterraine, je me décidai à rentrer. J'avançai un moment dans la direction que je croyais être la bonne, puis j'éteignis la lampe, m'attendant à apercevoir la lumière du jour éclairant très faiblement un recoin de galerie.

Rien. Le noir absolu. Le labyrinthe s'était refermé. J'avais beau avancer à tâtons, aucune pâleur même lointaine n'apparaissait. Je me rendis compte que la nuit avait dû tomber. Il serait donc difficile maintenant sans boussole de retrouver mon chemin. J'étais inquiet mais le plaisir l'emportait. Cette aventure qui me renvoyait à l'enfance me soulageait de mes préoccupations du moment. Après tout, une nuit dans ces cavernes n'allait pas me tuer. Tom Sawyer n'en était pas mort. Je marchais quelques minutes dans le noir total par jeu et confiance dans l'instinct, je sentis alors un courant d'air glacial et je compris que l'air froid arrivait de dehors, il ne me restait plus qu'à remonter le courant.

*

Je me souviens qu'en arrivant au seuil de l'antre j'étais soulagé, même s'il me restait trois quarts d'heures de marche nocturne en plein gel avant de retrouver le village. Les étoiles luisaient dans le ciel. « Le troupeau des astres », comme les appelle Hésiode, une des plus belles images que je connaisse. Une vision de berger qui, à la nuit tombée, ayant passé la journée à surveiller ses bêtes, lève la tête et trouve dans le ciel un pendant majestueux à ses occupations.

*

Rohde et Guthrie consacrent l'un comme l'autre de longs passages à l'oracle de Trophonios. L'Allemand rattache le sombre sanctuaire de Lébadée à toute une tradition de « devins enterrés vivants ». Soustraits à la vie mais aussi à l'enfer, ces esprits attachés aux divinités d'en bas étaient consultés pour des oracles. Après avoir sacrifié un bélier dans une fosse, le visiteur devait s'endormir dans la caverne, la visite de l'enterré vivant lui venant par incubation au cours d'un rêve prémonitoire. Auparavant, il avait bu l'eau de deux fontaines différentes, reflet des sources de l'Hadès, à gauche l'oubli (Léthè), à droite la mémoire (Mnémosyne). Il fallait oublier le présent pour entrer en contact avec l'autre temps, celui qui comprend à la fois le passé et l'avenir. C'est le remugle des cavernes, le souffle venu du centre de la terre qui transportait la « mania » nécessaire à la vision oraculaire.

Un objet magique se trouve au musée de Naples. C'est une feuille d'or gravée trouvée attachée par une petite chaîne à la main d'un squelette. L'objet date du IIIe siècle avant J.-C., l'Italie du Sud étant alors colonie grecque. C'est la plus vieille des cinq tablettes d'or rattachées à l'Orphisme. Il s'agit d'instructions laissées au mort par une main amie pour faire valoir ses droits d'initié et lui éviter de se perdre dans les enfers. C'est un fragment d'hymne dont voici la traduction :

> Tu trouveras à gauche de la demeure d'Hadès une source
> Auprès de laquelle s'élève un cyprès blanc.
> De cette source ne t'approche pas trop près.
> Mais tu en trouveras une autre : elle vient du lac de Mémoire

Son eau fraîche coule rapidement, et il y a des gardiens devant elle.
Prononce ces mots : « Je suis l'enfant de la terre et du ciel étoilé,
Mais mon origine est le ciel seul. Cela vous le savez vous-mêmes.
Mais je suis desséché de soif et je me meurs. Donnez-moi bien vite
L'eau fraîche qui s'échappe du lac de Mémoire. »
Et d'eux-mêmes, ils te donneront à boire l'eau de la source sacrée,
Et ensuite parmi les autres héros tu seras le maître.

Certains de ces vers se retrouvent à l'identique sur d'autres tablettes postérieures découvertes en Crète et à Rome, ce qui suppose un hymne originel plus ancien.

Le sublime *cyprès blanc*, que je n'ai pour ma part jamais rencontré ailleurs ni dans la littérature ni dans la peinture, m'attirerait tout de suite vers la source sinistre, innommée. Exclu du carré des initiés, je repartirai pour un tour de manège, l'oubli entraînant la triste roue des réincarnations. Quant au squelette harnaché d'or, j'espère pour lui que, le front ceint d'une couronne, il boit à jamais dans cette taverne de l'au-delà dont Aristophane se moquait.

Sur un autre fragment de tablette se trouve une formule orphique, objet de beaucoup de curiosité depuis sa découverte.

D'homme tu es devenu dieu, *chevreau tu es tombé dans le lait*.

Voilà le lambeau d'un rituel remontant à la plus haute Antiquité. Ce morceau de choix en prose enchâssé dans le poème est considéré comme une citation directe des formules symboliques de l'initiation aux Mystères. Un peu de brume sanglante gravée sur de l'or.

Dans les *Bacchantes* d'Euripide, avant le massacre de Penthée, il est question de sources de lait, à côté des sources d'eau ou de vin auxquelles s'abreuvent les Ménades. J'y ai trouvé aussi la mention de femmes en transes allaitant des chevreaux. Ça me rappelle Paul Morand, *La Nuit turque*, le prince Samarine, les daims qu'on nourrissait à Koloovskaia avec du lait de femme.

Reinach parle des bains de lait d'ânesse de Poppée rapporté par Pline (je croyais l'avoir lu dans Suétone), il compare les vertus raffermissantes des bains de lait aux bains de sang pratiqués au Moyen Âge et cités par un savant allemand dans une revue munichoise en 1892.

L'Orphisme traversa le paganisme sous la forme d'un réseau de croyances diffuses liant la vie après la mort et le mystère de l'inspiration poétique. Vivifié par les énergies renouvelées de la poésie, il profite du brouillard ésotérique qui l'habille et ne meurt jamais vraiment dans l'esprit des hommes.

Cette vision de l'au-delà accompagnée de rituels de purification apparut, peut-être sous l'influence de la magie égyptienne, en Thrace au VIe siècle avant J.-C. Le culte orphique fut colporté en Grèce par les esclaves et les femmes. C'est le même chemin que prendrait plus tard la religion chrétienne, la faiblesse, la pauvreté et l'obscurité étant le terreau de toute mystique. Le peu de valeur de la vie présente ouvre à l'autre monde. Teintant de sa pâleur irréelle la pensée grecque, et surtout le platonisme, il élargit son influence pendant l'Empire romain et la multiplication des inquiétudes liées à la fin du monde antique. C'est de cette époque, qui est aussi celle de la gnose, que datent la plupart des tablettes d'or, les principaux textes néoplatoniciens ainsi que les poésies tardives connues sous le nom d'*Hymnes orphiques*.

Un moment enterré par Aristote et la scolastique, redescendu dans les croyances populaires et la magie,

Orphée ressurgit dès la première renaissance du XIIe siècle à cause de la redécouverte de Platon. Les néoplatoniciens de l'époque suivante, surtout Marsile Ficin, lui assurent un renouveau par la poésie. Dante, puis Ronsard et la Pléiade sont nourris d'orphisme. La fureur poétique, l'état de possession qui met en contact avec l'âme des morts, parallèlement à la mystique et à la tradition occultiste, garantissent sa survie pendant la période classique jusqu'à la Révolution.

Les Illuminés, les maçons des loges écossaises et les poètes romantiques européens lui offrent une nouvelle ère d'influence. En France, Nerval, nouvel Orphée, et Rimbaud, lecteur de la Pléiade, relancent le mythe du poète voyant jusqu'à Daumal, Lecomte, Artaud et certains surréalistes. D'Allemagne l'influence de Nietzsche impose l'empire de Dionysos sur Heidegger et Bataille.

Après la guerre, Michaux enterré vivant dans la drogue, Burroughs et quelques Illuminés des années 1960, influencés par les diaboliques anglais et les sectes rosicruciennes, continuent d'exercer une fascination pour les états limites et leurs rapports avec la vérité cachée.

Les prosateurs « inspirés » comme Gogol, Balzac, Flaubert ou Céline par leurs pratiques littéraires d'énergumènes et par l'œuvre de déstabilisation des esprits à laquelle leur existence se consacre, en dépit de leurs intérêts, sont porteurs de la furor que Platon reprochait aux poètes.

Les adeptes de Manson, nouvelles bacchantes honorant cet Orphée qui s'était élevé seul dans les bibliothèques des prisons, pratiquaient couteau à la main une forme de catabase destinée à leur ouvrir un royaume souterrain où Mnémosyne distillait le chocolat...

*

Je viens de lire un livre étrange où il est question de l'orphisme. *Mystères et Oracles helléniques.* L'auteur s'appelle Thassilo von Scheffer, un helléniste allemand d'avant-guerre. D'après lui, tous les cultes à mystères de la Grèce sont autochtones et très antérieurs à la civilisation homérique, aristocratique et solaire. Seul l'orphisme serait d'origine étrangère, important « des idées effroyables absolument contraires au génie grec opprimant l'âme des non-initiés, celles du péché originel et de l'enfer... des sentiments d'humilité, des complexes d'infériorité, des idées hétérogènes, celles de la faute et de la pénitence qui vont de pair avec une dépréciation si peu grecque de la vie d'ici-bas ». L'occultisme nordique me semble imprégner cet ouvrage traduit par André Jundt et édité en 1943 chez Payot.

*

La tension introduite dans l'esprit de mon père par le serment signé en 1944 a provoqué quelques années plus tard son retour vers la religion révélée. Retour qui l'a même poussé à suivre au début des années 1980 des cours d'hébreu avec un jésuite formé à la tradition rabbinique, le père Hruby. Mon inexplicable penchant pour l'orphisme trahit une ambivalence à ce sujet. Tentation d'un mouvement contraire à mon père, mais qui prend appui sur un paganisme porteur d'idées orientales, peut-être influencées par la religion juive. Idées qui révulsent les hellénistes allemands influencés par Nietzsche. Le plus fort étant que je suis papiste comme Joseph de Maistre et que je me méfie de l'ésotérisme à cause de l'orgueil comique de ceux qui s'y réfèrent comme à une sagesse supérieure.

Lorsque j'ai commencé d'écrire tous les jours, adoptant petit à petit le rythme qui allait rester le mien encore aujourd'hui, il m'arrivait, je le répète, d'être saisi en plein travail d'une sorte d'agitation qui me forçait à me lever de ma table.

Le rituel était le même pendant les premières années. Je révisais les pages des jours précédents, remontant parfois au hasard. Je corrigeais, rêvassais, me reprenais en main jusqu'à ce que tout à coup, au bout d'une heure, je me lance à écrire. Dix minutes, un quart d'heure de travail me conduisait soit dans un état de confusion et de tristesse si ça ne marchait pas, soit dans cette espèce d'excitation, d'allégresse qui me poussait à me lever et à remuer. J'étais enivré par une bouffée d'ivresse mentale, un glissement maniaque qui m'empêchait de continuer.

J'en avais tiré une méthode de travail, me vantant que dix minutes d'écriture pure me suffisaient. Une affirmation du même ordre me faisait sauver un poème pour un vers, ou un livre pour une bonne page. Instinctivement, j'y voyais la preuve d'une flamme qui signifiait le rattachement de ma production à un feu central. Celui d'hommes qui m'avaient précédé, et que j'admirais. Par cette joie répétée je rentrais en rapport régulier avec un mythe formateur, renforçant mon prestige à chaque réussite, sans avoir besoin de confronter mon manuscrit à un œil extérieur. Cette superstition avait son revers : si ça ne marchait pas, je me sentais abandonné, déchu, déshonoré, une peine qui pouvait tout aussi bien s'avérer définitive. Je me contredisais. À croire ce nouvel oracle, toute page, toute ligne auraient dû maintenant brûler du feu sacré pour obtenir grâce à mes yeux. Je confondais l'étourdissement, l'ivresse du poète et la sagesse artisanale du prosateur. Je vivais en créature ailée le statut de piéton que me conféraient des ouvrages marqués du mot *roman*. La présence de mon père et derrière lui des surréalistes n'était évidemment pas étrangère à mon désarroi. L'élargissement du genre « roman » à des formes diverses me rendait service et en cela je n'échappais pas à mon époque.

Cette sujétion à l'inspiration était une charge quotidienne. J'aggravais mon cas en travaillant sans plan, en écrivant à la diable, en cherchant à m'étonner chaque jour, même si j'obéissais à une sorte d'instruction mystérieuse, qui révéla sans faillir dans une sphère de ma conscience une idée exacte du résultat final, le dessein dont j'ai parlé plus haut. J'étais comme ces fous constructeurs qui arrivent à monter des édifices monumentaux à partir de matériaux disparates et fragiles. Le béton de mes romans, si serrés à l'époque, venait d'une sécrétion interne, obsessionnelle, entièrement produite par mes marottes. Comme a dit de moi justement un personnage de mon premier roman : « Il a tout inventé. » J'avais même inventé Eva.

Mes obsessions littéraires se sont fixées vers dix-neuf ans. Leur stabilité vient de cet ancrage. Elles remontent à ma petite enfance par des racines dont j'ignore l'étendue. J'ai été en contact avec la psychanalyse à l'époque où des articles de presse, plus sérieux qu'ils n'en avaient l'air, m'imposaient d'interroger une fois par mois un freudien, le docteur P, homme charmant qui m'a beaucoup appris. Nos conversations, qui se renouvelèrent pendant des années, me laissaient en position d'observateur. Je n'ai jamais suivi de cure.

Comme beaucoup de mes contemporains j'ai le goût du mythe. Une fois établis quelques tumuli personnels j'ai aimé les cultiver, les honorer de fréquentes visites, obéissant à cette routine de sacristie qui me rapproche de mon ancienne fonction d'enfant de chœur. Jayne Mansfield par exemple fut pendant trente ans l'objet d'un culte intime avant de devenir le sujet d'un livre. Ma dévotion était paresseuse mais très fidèle. Le rite n'était pas célébré toutes les semaines mais je trouvais dans la contemplation de ses photos une grande joie. L'accident de voiture et son pied botté dépassant d'un linceul improvisé faisaient partie de mes fétiches préférés. Ainsi qu'un chihuahua mort agrandi, couronné de trois traînées de sang, victime sacrificielle d'une déité noire à qui étaient offerts en plus quelques mèches de perruques, un peu de matière cervicale, un ruban blanc et deux bouteilles de bourbon.

Zagreus, première incarnation de Dionysos, dévoré par les Titans, avait ainsi laissé des traces sanglantes de son massacre, un hochet ou une crécelle et le petit fragment de miroir avec lequel les monstres l'avaient attiré hors de son parc.

Ces objets ou leur représentation se retrouvent près des tablettes d'or dans les sépultures orphiques. Le corps immortel de Zagreus digéré par les Titans est selon ces sources antiques à l'origine de l'âme humaine.

Le plaisir extrême que j'ai trouvé à décrire la désincarcération du cadavre de Jayne par les secours routiers et les tableautins sanglants que j'ai introduits dans le livre, vignettes, descriptions de photo plus délicatement dessinées que l'esquisse lancée de mémoire, fait partie de ce processus mystérieux, plein d'entrain sacrificiel, dont je m'aperçois à chaque instant encore aujourd'hui en écrivant qu'il me vient du fond des âges. La mort de Sharon Tate ou certaines parties d'*Eva* m'apportèrent le même type d'enthousiasme. Qui était en moi à ce moment-là ? Qui hantait mon intelligence lui insufflant le choix des mots et des adjectifs, l'observation minutieuse de lents processus rituels ? Mystère. Lorsqu'elle est influencée, l'intelligence excède l'entendement. Le cadavre de Sharon Tate dont les photographies étaient sous mes yeux au moment où j'écrivais, me semblait appartenir à une dimension fixée hors du temps. Comme si le meurtre continuait sans cesse de se produire. Il existe une page d'*Aurélia* décrivant une vision, sinistre tableau de l'histoire universelle, qui m'apparaît comme l'écho de cette sensation.

> Je crus alors me trouver au milieu d'un vaste charnier où l'histoire universelle était écrite en traits de sang. Le corps d'une femme gigantesque était peint en face de moi, seulement ses diverses parties étaient tranchées comme par le sabre.

Cette femme est la mère du poète, morte pendant les campagnes napoléoniennes. Les scènes de meurtres sont des scènes primitives, un critique n'a-t-il pas vu dans ma description du cadavre de Jayne Mansfield le « superbe cadeau d'un fils à sa mère » ?

Le rapport cultuel de mes livres avec les morts n'est pas unique, loin de là. Les tombeaux sont légion en littérature et les descriptions funèbres se trouvent dès la plus haute Antiquité. Mnémosyne reliait l'élan poétique au monde des enfers. Cet invariant prend sous ma main la forme d'un processus délicat et « soigné » – comme on le dit d'un malade, d'une vengeance ou d'une finition artisanale –, un travail qui laisse soupçonner aux critiques des penchants pervers. Le lecteur attiré dans mon livre deviendrait le témoin involontaire d'atrocités que j'étalerais complaisamment. J'ai pourtant écrit les pires pages dans un esprit de compassion. La froideur qu'on me reproche m'apparaît plutôt comme le transfert d'une certaine chaleur que j'éveillerais par mes mots dans la chair du lecteur. Ma cruauté me vient de l'Antiquité, il n'est qu'à lire la fable d'Apulée où le soldat gardien de cadavre se fait manger le nez par des stryges, et les rires que son affreuse blessure suscite en plein marché à midi le lendemain, pour attraper un peu du soleil brûlant qui chauffait les spectateurs des arènes. Le rire sexuel de Bataille devant le matador aux yeux crevés.

Ma curiosité pour le satanisme californien qui m'a valu de revenir deux fois sur la question n'est qu'un hommage au paganisme, dont les lucifériens des terres indiennes, Kenneth Anger en tête, ne sont que les suppôts tardifs. Anger, qui a l'âge de mon père, fut mon grand modèle pour toutes ces questions. C'est un homme de goût, il désigne à coup sûr les plus sombres fétiches du panthéon de Hollywood. À côté de Warhol et de Capote, c'est le troisième larron du nouveau culte des idoles, l'authentique magicien, maître des poupées spectres. Le choix de Mansfield contre Monroe ne trompe pas. L'expression « poupées spectres » est de Victor Hugo à propos du château de la margrave Sibylle à Schloss Favorite, maison ruinée au parc abandonné que Nerval a vue aussi.

Lorsque j'ai commencé à décrire des faits réels, le travail d'enquête a réveillé des sentiments contradictoires. Inquiet de dissiper mes vieilles rêveries en les éclairant, j'étais en même temps contenté par un travail de fouille minutieux, de recoupements, de ratissages, qui me donnait des émotions d'archéologue ou de policier. Partant de ce que j'avais contemplé pendant des années, quelques photographies en noir et blanc prises par la police de la route, interrogeant sur Internet des noms que je connaissais bien pour les avoir relus cent fois, j'avais le sentiment de pénétrer plus avant dans le mystère et dans la fable. Franchissant le miroir où mon fétichisme s'était arrêté pendant des années, j'entrais dans une nouvelle dimension. Très vite j'ai senti que le culte que je vouais à cet accident de voiture allait grandir de ces patientes et obsédantes expéditions.

Dès l'âge de trois ou quatre ans, j'étais fasciné par les carcasses d'automobiles. Un de mes plus anciens souvenirs se situe dans le Tarn. Vers 1965 ou 1966, à peu près un an avant que Jayne fût tuée par la masse arrière d'un poids lourd. Tous les jours, j'insistais auprès de mes parents pour que notre promenade à pied rituelle dans la campagne nous conduise à une carcasse de camion accidenté. Je vois très clairement une canette de bière vide posée sur la tôle déchirée, bleu Gauloises. « Le camion de Verdalle », nom du village où se trouvait l'épave, fait partie de ma collection d'images enfantines au même titre que la maison de Nicole à Rideauville ou que les personnages de Dickens.

Quarante ans plus tard, en travaillant sur la partie technique de l'accident de Jayne, je retrouvai les joies du dessinateur et un goût du vocabulaire, attrapé avec le latin à la Sorbonne. En même temps que se construisait l'amas de tôle avec des mots précis, je sentais la présence du cadavre de Jayne à l'intérieur. Sa chair encore tiède, son sang qui était le même que le mien renaissait des cendres de son incinération. Comme si un processus magique m'avait donné le pouvoir de rappeler les ombres. L'apparition de sa dépouille, la description de cette chose sanglante me renvoyaient à un sanglier mort écrasé, autre image enfantine, accident que j'avais aperçu une nuit en voiture avec mes parents plus tard, après que maman eut passé son permis de conduire en 1968. Le sanglier de Fautrier qui m'obséda un moment quand je peignais vint en renfort des photographies du cadavre nu, très usées par diverses photocopies, que j'avais fini par retrouver sur un site spécialisé. J'avais la couleur de sa robe, celle de ses bottes dont la fermeture Éclair avait cédé lors du choc. Ce bleu, ce sang, cette perruque peroxydée accrochée comme une algue au montant du pare-brise, l'odeur de l'essence, de l'asphalte chaud et du plastique brûlé me mettaient dans un état de transe proche de l'extase. Autant la description de la carcasse automobile m'avait réclamé des heures de travail comme à un peintre hyperréaliste, autant la charogne sortit d'un seul coup toute harnachée en une séance de vingt minutes. Je ne l'ai jamais retouchée. La chair du style devait rester à vif. L'inspiration ici très forte me semblait venir de plus près que d'habitude, comme si l'haleine de mon démon familier me chauffait le cou pendant que j'écrivais.

J'étais persuadé, en même temps que j'écrivais, du succès de mes descriptions. L'ivresse de toute-puissance compte pour beaucoup dans l'allant de l'inspiration. Bizarrement, l'exercice d'un art solitaire qui devrait souffrir de cette condamnation à parler aux murs, comme un fou ou le prisonnier d'un cachot trouve un bénéfice dans le silence qui entoure son procès… Raymond Roussel fermait les persiennes en écrivant son poème « Le porte-plume » de peur que la lumière émanant de son cerveau se diffuse dans l'univers et crée un scandale, je le comprends très bien, j'ai connu moi-même ce vertige. Décrivant le cadavre de Jayne, je me sentais le maître du monde. Assis sur ma chaise d'église à la campagne vers onze heures du matin, à l'heure où les voisins préparaient leur frichti, j'avais l'ivresse d'Alexandre le Grand le soir d'une victoire. J'aurais voulu avoir deux belles esclaves qui m'attendent en haut dans mon lit de célibataire pour les honorer dans les vapeurs du myrte et de l'encens, une couronne d'or sur la tête.

Les sectateurs de Zagreus avaient pour rite de déchiqueter vivant un animal dont ils prenaient la chair crue dans leurs bouches, renouvelant le crime des Titans. Recouverts de farine dans le recoin d'une cave d'Athènes ou de Tarente, ils devaient ressembler à des officiants vaudous.

Repu par mon premier contact avec Jayne, j'étais tenté de la laisser cadavre et de ne plus l'apercevoir dans les flash-back que j'avais décidé de poser ensuite que par éclairs, apparitions muettes et lointaines, toujours vues de l'œil du public. J'avais peur de l'animer, détestant les livres où l'auteur prend des libertés avec les personnages mythologiques, Vénus ou Marilyn Monroe. *La Vénus d'Ille* de Mérimée ou *Le Grand Dieu Pan* d'Arthur Machen traduit par Toulet me paraissaient les seuls plaisirs licites qu'un littérateur peut s'autoriser avec l'inhumain.

C'était compter sans l'appui des forces qui m'agitaient.

Avec l'âge, mon père est devenu de plus en plus délicat. Le mot léger m'était venu d'abord, mais il décrit mal son caractère. Je le vois posé près de moi, silencieux, ne parlant plus que pour délivrer des empreintes aussi ténues qu'une marque de couleur laissée par un papillon. Il me donne des indications qui sont des traces à peine lisibles.

Il fréquentait les *Cahiers du Sud* depuis quelque temps, je ne sais pas combien de mois, quand il reçut une lettre de Breton à qui il avait adressé ses poèmes. Il apporta la lettre à la revue, quelqu'un, pas lui, la lut à voix haute et l'effet fut tel qu'André Balard, Jean Tortel et les autres personnes présentes restèrent ébahis.

C'est après cette lettre que les *Cahiers du Sud* firent paraître ses deux premiers textes : « Le livre de cuisine » et « Poème pour lutter contre les cauchemars et conjurer le mauvais sort ».

La familiarité ne doit pas empêcher de reconnaître le prestige de la poésie lorsqu'elle paraît. La marque imprimée par Breton dans l'existence de mon père fut d'une portée qui dépasse nos liens familiaux ou les amitiés qu'il a pu lier ensuite. Cette couronne, ma mère n'a cessé devant moi depuis toujours de la lui remettre. Ce geste d'admiration ne vient pas de Breton, mais corrobore par l'amour d'une femme le jugement jadis rendu. Rien n'a bougé dans la vie de mes parents, j'ai toujours vu mon père écrire quelques rares poèmes et nous les lire ensuite avec la simplicité orgueilleuse qui est la sienne.

L'appartement domine Paris comme une vigie, j'aperçois les toits de zinc, le clocher d'un couvent, le ciel qui ne change pas.

Comme j'ai vieilli en cinq ans... Dans le métro, je pense à Jayne. Je pense à l'habillage de chair tiède et odorante que j'ai réussi à dresser, moi qui n'ai jamais eu d'enfant. Cette grande femme de plus d'un mètre soixante-dix, alourdie par une graisse que j'ai bien rendue, modelée, travaillant jusqu'au bourrelet masqué sous la blouse, que serre et mouille la gaine de Nylon. Comment est-elle née ? Après beaucoup de travail, une reconstitution digne d'un film en costumes. C'est l'argile de la prose, il faut un peu d'âme, mais beaucoup de terre, le même limon qui s'est mélangé avec son sang et ses blessures en Louisiane. Après des heures et des heures passées à lire et relire tout, les moindres gestes, les moindres paroles en anglais. Elle m'a aidé, non pas seulement par un phénomène de hantise, mais grâce au travail déjà fait une première fois. Qu'elle se soit fabriquée elle-même m'a aidé à la reconstituer. Il y avait des plans. J'avais affaire à une effigie. Mais quand même cette familiarité que j'ai réussi à produire artificiellement me rappelle celle que j'ai avec Eva. Elle me rappelle aussi toutes les femmes que je vois dans le métro, la masse corporelle, le poids sur le siège, les pieds serrés dans les chaussures.

Je me souviens très bien du moment où Jayne s'est mise à marcher seule. J'écrivais vite comme aujourd'hui, avec une légèreté nouvelle. J'avais reconstitué le parking du restaurant, avec l'aide de la fille du propriétaire, Elaine, la fiancée du chauffeur de la Buick Electra. Je l'avais retrouvée à Biloxi dans un casino-hôtel, elle s'occupait des relations publiques.

Le homard géant en néon, je l'avais vu sur une carte postale de Biloxi. Quelques mots dans le mail d'Elaine m'avaient fait sentir le parfum de l'arrière-salle où se trouvaient les loges, la chaleur, les insectes, l'issue de service du restaurant. Une ombre derrière la vitre, elle apparaît, j'entends le bruit de ses semelles sur l'asphalte. La porte à ressorts s'est refermée sur l'odeur de cuisine. La porte des enfers. De loin, elle paraît porter un masque de cuir ou de chair collé sur du vide comme dans les films d'horreur. Mais c'est elle, je sens son impulsion, cette haleine dont je parlais tout à l'heure dans mon cou. Familière mais inamicale, elle reste distante. Notre intimité se limite au fait que je l'ai fait renaître. En écrivant, je pense à Thétis, la mère d'Achille. Le même plumage de brume marine. Elle ruisselle de quel liquide ? Elle s'approche, sa silhouette s'affirme, une « très belle femme sur le déclin de sa vie » m'a dit Elaine après quarante-trois ans. Elle se la rappelle d'autant mieux que son fiancé, père d'un enfant qu'elle cachait à ses parents, allait ce soir-là mourir dans la même voiture. La perruque, le ruban blanc, la démarche alourdie, il faut donner quelque chose à convoiter au zombie pour que le processus électrique se déclenche, je décide (on décide à ma place) de lancer le cri du rossignol. D'où me vient-il ?

De Shakespeare. Je le retrouverai à Bangkok un ou deux ans plus tard sous la forme d'une enseigne de magasin Nightingale. Jayne dresse l'oreille sous la perruque, elle écoute l'oiseau tout aussi mécanique, artificiel que je viens de lancer du buisson, à gauche du container d'ordures puant la carcasse de crabe. Elle penche la tête pour écouter, comme une stryge.

À ce moment de la création romanesque, la scène ressemble à Frankenstein. Je ne voulais pas d'une Jayne sentimentale comme la blonde Marilyn de Joyce Carol Oates, je voulais un monstre. La chose mécanique, animée, la stryge est sortie de la cuisine. Elle porte la robe et les bottes bleues de la charogne. Il y a l'odeur des poubelles, l'asphalte tiède, les insectes nocturnes, le rossignol. Elle est seule face à moi, je l'ai remontée... des mois de travail. Elle ruisselle du limon originel, à moins que ce ne soit de la sueur. Ça, je connais, je renifle, je serre dans mes bras, comme plus tard Eva dans un taxi. Caillois – Acéphale toujours – voyait dans l'atmosphère étrange de certains livres l'effet d'une influence extérieure venue d'« on ne sait quelles ténèbres ».

Mais là non, je ne m'approche pas, je garde mes distances avec la sueur de Jayne, je n'en suis pas encore au point où j'en serai deux ans plus tard. Avec Jayne je suis timide, je la laisse faire, planqué derrière mon matériel avec tous les livres entassés, les mots soulignés. Elle bouge, c'est déjà bien, elle avance, vite je la cerne de matière pour éviter qu'elle ne se perde dans le vide, j'invente un fond, des lumières, la route, des calandres, des fleurs, n'importe. Deux types sur une Opel. Je construis tout au fur et mesure. Charpentier, truqueur. L'allusion au décor qui crée la fiction. Rien de plus facile une fois que ça bouge. Mais pour que ça bouge, que Jayne bouge, que ses petits yeux noirs s'agitent derrière le masque, furètent à la recherche du rossignol *Nightingale*, il faut de la sorcellerie, ce que le Nouveau Roman a nié. Le sujet. Le sujet, c'est le démon intime, la petite flamme ce que je souffle et qui fait bouger la monstresse dans mon livre. Derrière la vapeur, le blanc des yeux.

Voilà le travail du prosateur. Un bricolage, un art forain, mais avec au centre ce qui insuffle la vie. L'âme de la poésie. Est-ce de l'âme ou du feu ? Sous les yeux, les dents de Jayne – j'en ai parlé à l'époque – ressemblent à des petits cailloux blancs. Ce sont les dents de la Bérénice de Poe. Comme disait Daumal des escaliers d'*Aurélia*, je les ai vues moi aussi, les dents de Bérénice, elles existent donc.

L'influence d'Edgar Poe est telle que je le prends à la lettre.

Quand j'écris à un certain degré de chaleur, je ressuscite les vieilles théories de la médecine romantique. Le galvanisme de Lavater est de retour par les métaphores. J'ai supprimé dans la dernière version d'une description des cadavres de la villa Polanski une incise : « Aucun miracle, *aucun galvanisme* ne pourraient leur rendre la vie. » Mon éditeur l'avait rayée, il trouvait sans doute le mot trop savant, il était pourtant sorti de nulle part et rejoignait le cœur de mon travail.

J'ai décrit toutes ces morts, Jayne, Sharon... par passion pour les cadavres et, disons-le, pour la vie. Je ne suis pas intéressé par la chair froide, mais par la tiédeur, ce qui s'enfuit, je veux le saisir. Un mot d'Eva me vient. Nous regardions dans la forêt un cadavre de blaireau : ses yeux étaient ouverts. Eva, qui souffrait beaucoup ce jour-là, a repris son calme un instant et m'a dit : « Il n'est pas encore parti, il y a quelque chose encore en lui. » Cette parole saisissante exprimée avec une étonnante fraîcheur est au centre de toutes mes préoccupations.

Juillet 1973, Saint-Tropez : lecture de « Bérénice » d'Edgar Poe dans le recueil *Nouvelles Histoires extraordinaires* que mon père m'a acheté à la librairie du port à Saint-Tropez.

Juin 2010, Deià : apparition de Jayne Mansfield sur le parking de Biloxi en juin 1967.

*

Le temps sans âge : relu pour me reposer des corrections de ce qui précède le début du livre de Thadée Klosssowski *Vie rêvée*. Au mardi 19 octobre 1965 – première nuit d'amour avec « Baba ». Baba, c'est Cla… cette jolie femme aux jolies mains avec qui nous avons dîné plusieurs fois – la dernière il y a quinze jours au restaurant Chez Loulou, rue de Rivoli (en plus de Cla… Vincent Darré, Catherine l'Australienne et à la table voisine Anna, la fille de Pat Cleveland, très garce). Il note : « Paris le matin comme la gorge des pigeons. »

Où étais-je le matin du mercredi 20 octobre 1965, il y a cinquante et un ans, cent deux jours et quelques heures pendant que Thadée et Cla… s'éveillaient au premier matin dans les roucoulements des pigeons ?

211

Dans ce sinistre collège Stanislas, 11ᵉ bleue. Il faisait donc gris et je savais lire. Papa m'avait appris en 1964. Du lit de la chambre d'Eva je regarde le ciel par-dessus le toit. La cheminée. Paysage parisien, le gris passe au bleu, un demi-siècle après.

Quel homme es-tu, toi caché par la nuit
Qui trébuches dans mon secret
Juliette

Après le déjeuner, mon père nous a lu un poème qu'il a écrit dans la maison d'Eau de Limon, celle du grand platane. Un de ses derniers sûrement, lui qui écrit si peu, en général quand il est hors de chez lui, ce qu'il déteste. Comme si l'inspiration venait d'un déracinement. Je crois que les sept premières années de sa vie passée à Beyrouth à l'époque du protectorat français entre 1927 et 1934 et le désespoir qui a suivi son installation à Marseille, qu'il a vue comme une ville du Nord, noire et sinistre, sont à l'origine de sa poésie. L'importance farouche qu'il accorde à l'enfance, certains objets dont il fait des images le rattachent à ce paradis perdu.

Ce poème nocturne évoque la maison dont j'ai parlé tout à l'heure par un détail, le sol bossu, déformé par les racines de l'arbre.

Dans quel tréfonds dormais-tu
Au bout de quel obscur couloir

Où tu vis à ton insu
À cache-cache dans le noir ?

Chuchotements, commérages
Des tissus dont je me vêts
Quand je tâtonne du pied
Le sol bossu de l'étage...

C'est bien lui, ce tâtonnement silencieux... Le ton qu'il met à lire la poésie n'est pas le même que celui dont il use pour parler. Le rythme est précis, délibéré. Il n'y a aucune hésitation dans sa voix, même un peu d'emphase. S'il se trompe il se reprend comme au cirque quand l'écuyère rate une figure. Il ne laisse jamais lire les autres à voix basse, il récite ses vers avec autorité, sans naturel. Je l'ai toujours entendu ainsi.

Il y a une beauté fantôme dans ce poème qui me révèle une communauté peut-être plus profonde que les liens de parenté. Elle tient à ce lieu-dit, *Eau de Limon*, à cette source. Mon rêve de naguère et cette errance presque somnambulique se répondent hors de l'espace réel, dans la bibliothèque où l'ordre des lettres nous laissera voisins aussi longtemps que dureront nos livres. André d'abord, Simon ensuite.

Le temps est une fiction à laquelle nous nous laissons prendre. Qu'il existe une dimension où les actions passées ne cessent de s'effectuer est une possibilité que je ne saurais écarter. Vous le niez ? Ne nous disputons pas. Je suis convaincu et ne cherche pas à convaincre.

Pour le souffle, l'inspiration, l'âme… J'ai besoin de faire de l'ordre. Le même processus, la même influence extérieure est-elle à l'origine de l'inspiration poétique, de certains actes de violence, de l'incarnation réussie d'un personnage de roman ou d'un portrait ? D'un état de nervosité, d'agitation qui prend le créateur quand il travaille, mais aussi de cette fureur immobile de contemplation qui conduit à chercher dans les taches des murs, dans les lames de plancher, dans les nuages ou dans la grande toile que tracent les rameaux des arbres l'hiver, dans les taches du léopard, des signes de l'au-delà ? Se transmet-elle d'une œuvre à l'autre ? De Bérénice à Jayne.

Avant de chercher plus avant, je relis des notes que j'ai prises sur une enveloppe à mesure que j'avançais à toute vitesse. Plusieurs idées m'ont échappé. Je fais le point.

– *La mouche artificielle.* Le cyprès blanc de la tablette de Naples possède un double. L'objet se trouve à la page 12 de *Point du jour* dans l'édition 1937 de chez Gallimard. C'est la mouche artificielle entièrement blanche dérobée par Breton en rêve à un pêcheur mort. L'appât qu'il désigne à l'*inconnu*.

– *Moments de la journée.* Il y a des moments plus propices, des jours aussi. Je ne sais pas si je l'ai noté mais le samedi, jour de Saturne, fut toujours marqué pour moi d'un entrain particulier. Peut-être parce que c'était le matin le plus gai de mon enfance. Je n'allais au collège que jusqu'à midi, en général pour des cours faciles et dès le déjeuner j'étais libre pour un long moment. Des heures heureuses, très régulières. Nous allions à Fontainebleau l'après-midi toujours aux gorges d'Apremont, le dimanche matin à la messe et l'après-midi nous promener dans les rues du septième arrondissement, si provincial à l'époque. Je me souviens aussi d'expositions de dessins anciens à l'Institut néerlandais rue de Lille. J'aimais copier à la plume les dessins de Rembrandt pendant que maman écoutait de la musique dans la pièce à côté. J'oubliais de noter que mon père restait à la maison le samedi matin, il n'allait pas au bureau. Il lui arriva sûrement, pendant ces longues années, d'écrire ou de lire certains matins des lignes inspirantes. Je le sentais, je devais porter sa joie de ne pas travailler ce jour-là pour gagner l'argent de la famille.

– *Ma faculté de vivre au sein des incertitudes s'améliore.* Je n'ai plus vraiment de ces moments de découragement, de peur du monde extérieur, de sécheresse que j'ai connus autrefois. La pratique quotidienne, la cadence infernale de la littérature a tout guéri ou détruit chez moi. La présence si chargée d'inquiétude d'Eva, la crise de folie de mon père du 16 août dernier ont tué les dernières faiblesses. Le fil tendu devant moi est libre.

– *Un autre cyprès* dans un poème de Bernard Réquichot, suicidé par défenestration le 4 décembre 1961. Un poème, « Testament du docteur Faustus », recueilli dans ses écrits :

Salue cyprès dormant
Salue d'un chant dolent
L'antan sans an.
Corpuscule sans corps...

L'inspiration peut sortir de certaines bouches et passer dans une réalité d'autant plus belle qu'elle naît de l'alliance entre un désir furtif d'éternité et une présence physique qui a voyagé plus avant dans le temps, bien après la disparition de celui ou de celle qui la provoqua. Le processus de l'imitation vient soutenir l'émotion vraie, regret ou désir, et la réactivant lui permet en même temps d'exalter mon histoire personnelle pour atteindre, ailleurs, l'espace littéraire. L'artifice trame avec la réalité un tissu si serré qu'il est impossible de démêler le fil de l'art, de la tradition, de ce qui est insufflé par l'émotion immédiate. *Les Noces d'Alexandre et de Roxane*, scène légendaire, objet de la tradition orale, peintes une première fois à l'époque alexandrine, œuvre décrite par Lucien de Samosate qui l'admira voici vingt siècles, repassée dans la parole, puis perdue et peinte une seconde fois d'après la description dans une sublime lumière dorée par un artiste de la Renaissance, réactualisée durant cette matinée de juin 2007 sur le banc de la Farnésine, avait été introduite en moi, dix ans plus tôt un après-midi d'hiver devant la Seine, au premier étage d'un appartement du quai où vivait mon ami exilé, ami dont l'histoire personnelle avait trait aux armes, à l'amour et à une mort prématurée. J'ai retrouvé les tonalités de gris de cette même Seine, vue d'en haut de la même île Saint-Louis, dans *Aurélien* d'Aragon. La voix de mon ami s'est effacée depuis comme une vieille bande trop écoutée. Si je voulais détraquer la narration, la fenêtre de mon ami serait aperçue bien avant qu'il l'habite et que je m'y poste pour regarder la scène par Aurélien dans le roman d'Aragon, roman que je n'aime pas trop mais qui, par certains détours, pourrait me ramener à Rome, où, sauf Bérénice, tous les chemins…

Nightingale, le rossignol de Roméo et Juliette, l'oiseau fictif que j'avais placé pour distraire Jayne, mettant dans sa bouche à elle derrière les dents de Bérénice les mots de Roméo : « *The mask of night is on my face* », ce mot anglais que j'ignorais m'est revenu d'une manière qui montre la puissance de métamorphose d'une réalité que personne de tout à fait sain d'esprit n'a jamais tout à fait réussi à démarquer de l'illusion.

Une nuit d'automne, dans la chambre 19 de l'hôtel de Beaune, suite overdose, Rose Singh dont je suis tombé amoureux deux ans avant de rencontrer Eva m'a parlé d'un endroit à Bangkok, sa ville natale, qui s'appelait Nightingale. Ce magasin de sport ouvert sur plusieurs étages proposait à la vente de la marchandise de luxe d'origine anglaise. D'après ce que j'ai cru comprendre de l'anglais *barbarian* de Rose cette nuit d'hiver, la boutique partait en poussière, et les marchandises toujours étiquetées des prix anciens pendaient telles des toiles d'araignée des mannequins au visage peint à la façon des poupées de Molinier, avec du vrai maquillage. Le patron qui n'avait pas loin de cent ans continuait d'ouvrir tous les matins et de maquiller lui-même le visage de ses mannequins.

J'ai visité cet endroit à Bangkok en compagnie de Rose, il était exactement tel qu'elle me l'avait décrit. Plus extraordinaire encore, car j'ai vu de mes yeux, parlé et entendu les voix du personnel sans âge qui venait honorer tous les jours d'anciens contrats de travail, maquilleuses sans clientèle posées au milieu de stands ornés de vieilles publicités des années 1960. Jupes de tennis étiquetées qui tombaient en lambeaux quand on voulait les défaire des mannequins dont les visages étaient tels que je les imaginais, peints à la main par « Moulinié », comme disait Rose Singh. Les mots de Rose cette nuit d'hiver dans ce lit d'hôtel où il faisait froid, cette histoire racontée de sa voix rocailleuse avaient lieu d'être dans la réalité. Cela était donc vrai !

Les entrelacs, les ramifications que la réalité trame autour de moi quand j'écris ces lignes sont pour partie œuvre de la nature et obéissent aux lois naturelles qui poussent les plantes à grandir à une vitesse moindre que celle que je vois à l'œil nu, pour partie œuvres d'art immobiles pleines d'autres dimensions à la fois passées, présentes et futures dans les centaines de livres empilés sur la table. L'antique soleil brille sur mon clavier. Eva travaille à l'étage, pleine de chaleur et de sang, mais elle mourra à son heure, peut-être après moi, et elle deviendra objet littéraire comme la voix de Rose qui n'est plus la voix de Rose mais une présence intérieure déjà presque effacée dans mon esprit, prononçant ces mots *Nightingale,* le magasin sûrement désormais fermé de Bangkok dont j'ai laissé la trace ici, quinze lignes plus haut, pour quelques années, *Nerval le Nyctalope,* et derrière Daumal, Nerval dont j'ai cité le « cela était donc vrai ! » sans que vous vous en soyez peut-être rendu compte, mais peu importe, la Seine d'Aragon, de la noyée au masque de plâtre, d'Apollinaire, la mienne, et celle qui coulera dans mille ans. Orphée sous mes pieds, chez moi, sous l'ancien tapis de l'hôtel Ritz dans l'empire souterrain, sait le mystère de l'inspiration, il coordonne ces objets, imaginaires, romanesques, réels, encore vivants parfois de cette vie brève des papillons et des hommes.

Je ne sais plus quel surréaliste, je ne suis pas certain que ce soit Breton, a indiqué dans un texte ou un entretien que le processus d'écriture automatique créait un si fort remous dans la conscience que la perception elle-même se trouvait modifiée. Les promenades qui suivaient ces séances prenaient un relief particulier, d'une tonalité à la fois vague et symbolique, proche de l'atmosphère du rêve ou de la folie.

De telles promenades ne sont pas la conséquence du surmenage. Il suffit d'une certaine lumière d'hiver à Paris pour que je me trouve transporté dans une dimension qui n'est plus celle de la ville oppressante où l'argent doit être gagné chaque jour. Je flotte. En descendant la rue Rodier, comme cela m'arrive une ou deux fois par semaine dans l'après-midi après avoir écrit, je trouve que les immeubles et le ciel au-dessus des toits ont l'apparence de mes souvenirs les plus anciens, irréels, mais chargés de vie. Comme si la grisaille de novembre portait dans son grain la présence d'autres regards. Je pense à Paul Léautaud, à Breton dont j'approche la sphère d'influence, à Nerval, à Verlaine aussi et à Baudelaire dont j'ai vu le portrait par Carjat il n'y a pas longtemps dans une rue voisine. Je regarde les innombrables tuyaux des cheminées qui montent vers le ciel bas. L'âge et les lectures répétées de mêmes morceaux de littérature, l'écriture de ce livre qui réveille encore une fois toutes ces sensations font du paysage parisien une œuvre dont je tire la même émotion qu'un amateur qui regarde une gravure ou un dessin. Celui d'un propriétaire devant ses apanages imaginaires.

Plaisir d'amateur, pourrait-on m'objecter, et qui n'a rien à voir avec les errances inspirées des surréalistes où la moindre enseigne de café prenait la force d'un oracle. Oui, mais la trace de ces souffles est toujours présente. Les battements de cœur de Léautaud que sa vieille bonne Marie Pezé, celle qui lui servit de mère, laissait attendre devant l'étal du marchand de vin ou la folie passagère de Breton troublé par Nadja qui relevait dans une enseigne voisine un indice comme le détective d'Edgar Poe afin de trouver on ne sait quelle preuve d'on ne sait quelle autre réalité que j'ai visitée moi aussi...

Certains événements à venir peuvent aussi influencer le réel, la mort d'un être qui m'est cher avant qu'elle ait lieu, pour peu que j'y pense, embrume de mes larmes la présence lumineuse comme une opaline du ciel blanc. Les tuyaux à jamais éteints que personne n'a démontés en dépit des interdictions touchant les calorifères à combustion lente sont des pipes à opium.

La présence d'un rocher de grande taille situé dans le lit de la Seine à la hauteur du pont du Carrousel m'a été révélée par un très volumineux manuel de géologie parisienne. J'avais trouvé ce gros livre de format raisin chez un bouquiniste à l'époque où je me livrais à des investigations sur le sous-sol du quinzième arrondissement. Mon second roman se terminait dans le quartier de Javel aux derniers étages de l'ancien hôtel Nikko.

Barrès, dans ses carnets égyptiens, compare les jardins d'Éléphantine aux « lenteurs d'un roman bien fait ». Mon sondage des sous-sols et du lit de la Seine me permettrait, je le croyais du moins, d'expliquer certains reflets de ce puissant fleuve tel qu'il coule vers l'île aux Cygnes à l'ouest de Paris. Cette fin de roman pleine de lenteurs où le héros attend Lukardis, la femme à la chevalière. Je cherchais des transparences, des sablières, celles de Julien Green dans *Épaves*, j'ai trouvé un rocher au Carrousel.

Il ne m'a jamais servi, sauf peut-être une fois, je ne sais où et ici, comme témoin des chemins incertains qui conduisent à l'écriture. Trouvailles de librairie, souvenirs, objets mystérieux qui n'existent qu'à cause d'un remous visible à la surface du fleuve. D'après l'auteur du manuel, car j'ai eu beau scruter certains après-midi, durant d'autres promenades, avant Eva, quand je vivais encore à la suite overdose, chambre 19, hôtel de Beaune, je n'ai jamais vu ce remous qui n'existe peut-être qu'ici, maintenant, à l'heure de refermer cela. Je lui confie mon souvenir. La tablette d'or de mon passage dans l'autre monde.

J'ai retrouvé les deux poèmes d'inspiration commune que me lisait mon père, celui de Verlaine, celui que j'ai cité au début de ce livre, « Vers pour être calomnié », et le second, de Cocteau, tiré de *Plain-Chant* :

Je n'aime pas dormir quand ta figure habite,
La nuit contre mon cou ;
Car je pense à la mort laquelle vient si vite
Nous endormir beaucoup

Je mourrai, tu vivras et c'est ce qui m'éveille !
Est-il une autre peur ?
Un jour ne plus entendre auprès de mon oreille
Ton haleine et ton cœur.

Quoi, ce timide oiseau, replié par le songe
Déserterait son nid,
Son nid d'où notre corps à deux têtes s'allonge
Par quatre pieds fini.

Puisse durer toujours une si grande joie
Qui cesse le matin,
Et dont l'ange chargé de construire ma voie
Allège mon destin.

Léger, je suis léger sous cette tête lourde
Qui semble de mon bloc,
Et reste en mon abri, muette, aveugle, sourde,
Malgré le chant du coq.

Cette tête coupée, allée en d'autres mondes,
Où règne une autre loi,
Plongeant dans le sommeil des racines profondes
Loin de moi, près de moi.

Ah ! je voudrais, gardant ton profil sur ma gorge,
Par ta bouche qui dort
Entendre de tes seins la délicate forge
Souffler jusqu'à ma mort.

J'entends ici des échos de Catulle et, derrière Catulle, de Sappho qu'il imita. Encore une impression diffuse, comme souvent avec Orphée. Il y a quelque chose, un parfum dans l'air que je respire en lisant ces vers à voix haute. La tête coupée du dormeur « allée en d'autres mondes » est une claire allusion au mythe, allusion que confirment d'autres marques plus lisibles ailleurs dans ces poèmes. Suivant Ovide et la tradition antique, la tête d'Orphée, détachée de son corps par les Bacchantes et jetée dans l'Èbre, dériva par la mer jusqu'à Lesbos. Elle y fut recueillie par Apollon juste au moment où un serpent gigantesque allait l'avaler. De retour aux enfers, l'ombre d'Orphée peut alors retrouver Eurydice. Je n'aime pas trop le film célèbre de Cocteau sur Orphée, mais ces vers de jeunesse le mettent très avant dans le cortège. La poésie est d'abord une affaire de jeune homme. Henri de Régnier n'avait pas tort, la vie, l'expérience n'apportent rien à l'inspiration première, celle qui passe la porte d'ivoire aux alentours de la seizième année.

La beauté du diable, celle de *Crimen Amoris* et des satans adolescents, pendant de celle de Lolita et des petites filles de Nerval. Voilà où il y a de l'âme, dont l'éternité reste amoureuse. Je crois que l'idée est là : pour passer d'une vie à l'autre, il faut rendre l'éternité amoureuse. Les ombres ont besoin d'être charmées, le surnaturel n'est pas insensible à de beaux yeux, à de jolis appâts, à une couronne de fleurs printanière. Il faut être enlevé par les dieux, ou alors, l'âge venant, accepter de jouer leur rabatteur.

Réussir sa sortie... Tout le monde n'a pas la chance de laisser sa tête sur l'échafaud comme Chénier, nouvel Orphée dont le sang transmuté en métal précieux allait armer la poésie à venir.

Quelqu'un, Guy Dupré je crois, l'auteur des *Fiancées sont froides*, chaînon magique entre Breton, Barrès et Maurras, rapporte une phrase de Breton au moment de monter dans l'ambulance venue accompagner son agonie en 1966 : « J'ai raté ma sortie. » Ce mot cruel est peut-être apocryphe.

Lecomte n'a pas raté la sienne le 31 décembre 1943. Tétanos mystique. Il y a des gens qui poussent plus loin que d'autres la difficulté d'être. J'avais oublié que Drieu fit paraître dans la NRF en 1942 le poème « La Halte du prophète », « Vous vous trompez, je ne suis pas celui qui monte... » Les retrouvailles marquent la fidélité, elles justifient mon attention. Pourquoi j'aime ça ? Au fond, qu'est-ce qui fait que j'aime ce poème plus qu'un autre ? Il en va de même pour la nature, les paysages. Pourquoi tel site, la descente de Vauciennes sur la route nationale 2, une brasserie abandonnée, un bouquet d'arbres en haut de la colline... plutôt qu'un autre ? Comment certaines personnes me rejoignent-elles dans ce goût ? Sur ce même choix ? Des inconnus dont j'ignorerai toujours l'existence, et dont j'aime ignorer l'existence comme j'aime l'idée de l'au-delà. Il y a tout un tissu d'objets qui fondent des ressemblances, des goûts communs, communautés qui restent inconnues de ceux qu'elles unissent. À propos de penchants non élucidés pour des paysages en voiture, il y a un passage de Michel Leiris dans *Frêle bruit* qui parle de la route d'Étampes. Proust aussi… le bouquet d'arbres.

Un paysage décrit par un autre a pour moi la même valeur, la même lumière que celui que je viens de décrire. Le jardin de Doncières au matin dans la brume, c'est mon premier réveil solitaire à onze ans chez Nicole à Rideauville. Je l'ai reconnu quinze ans plus tard. *A thing of beauty is a joy forever…*

Qu'importe l'habillage, il y a une part de vérité, d'âme dans la fiction qui est commune à tous. L'habillage vient ensuite, mais c'est l'habillage qui permet de réveiller la sensation. Lorsque je cherche à préciser mon goût pour « La Halte du prophète », le romancier interne qui m'aide à penser organise aussitôt des éléments de fiction dont la composition m'est propre, mais dont le résultat me permettrait d'approcher la source. Par une ruse de chasseur je ne prendrais pas Lecomte au moment de l'éclair inspirant ni de l'agonie à Lariboisière, mais pendant la correction des épreuves de la NRF en 1942, rue Didot chez Mme Firmat, une sainte de l'abîme aux faux airs de Pauline Carton, tenancière de bistro qui l'avait recueilli. Les objets littéraires et les objets réels, les paysages et les descriptions, les poèmes et le contexte objectif dans lesquels ces poèmes ont été recopiés, je ne parle même plus de l'inspiration, je ne pense plus au poème, mais au roman qui déjà l'entoure dans mon imagination reconstructrice – je parle des conditions dans lesquelles Lecomte a relu les épreuves de la revue où son poème devait paraître. Il venait d'apprendre de mauvaises nouvelles : l'arrestation par la police de Ruth Kronenberg dans le Midi, un refus d'argent de son père, une lettre du tribunal. Voici le visage de Mme Firmat qui s'encadre dans la porte de la chambre sinistre, pleine de mégots et de livres ouverts, voici l'attente perpétuelle d'une ordonnance ou d'un dépannage, les plaies « grosses comme des poings » des abcès sur les jambes, voilà l'ombre d'Arthur Adamov, tout cela forme un tissu romanesque qui vient autour de la poésie et la sertit à mes yeux. En reconstituer la trame imaginaire fait partie de mon travail, celui que je me suis assigné – travail de prosateur dont j'essaye pour des raisons qui au fond m'échappent – de rendre compte ici.

Lorsque je fouille dans un coin de mes goûts un petit carré plus ou moins bien isolé, en archéologue, déterrant sans cesse les mêmes objets, les triant, en ajoutant parfois d'autres, les rangeant un peu plus délicatement que la fois précédente dans des boîtes, ajoutant des étiquettes, écrites en pattes de mouche sur des bouts de papier... cette besogne de dépoussiérage me découvre soudain un sens nouveau, une trouvaille, un concept ou plus simplement une pièce qui s'adapte différemment, je la bouge, je cherche comme si j'œuvrais une mosaïque, comme si le chantier indéterminé de mon rêve prenait enfin une direction.

Les jours de travail sans but, ceux que je me reprochais à mon réveil au début de ce livre n'ont pas été inutiles, j'ai trouvé l'anneau d'allure magique que contient le monde romanesque, réalité fictive construite à partir de débris cimentés par mes soins autour d'un fragment de poésie cachée dans un conglomérat artificiel. L'âme de la prose.

*

Dans le hall du Lotti, entièrement ravagé par le chantier de rénovation, subsistait il y a deux mois un des miroirs de l'entrée, et je crois un fragment de la mosaïque du sol.

Écrire cela, le noter, sans même prendre le soin de le décrire, effort que je me serais imposé au début, quand je faisais mes premiers livres, partant du principe qu'il fallait fournir de l'effort pour m'opposer à l'insignifiance, écrire ce miroir, cette mosaïque peut-être inventée – il me semble maintenant qu'elle était dorée, d'une dorure poussiéreuse –, écrire le simple mot « miroir » ou « mosaïque », évoquer ainsi mille fantômes de miroir ou de mosaïque ou de mosaïque miroir, ou même de simple dorure passée au pinceau comme des rayons de soleil – « sublime lumière dorée » – dans le matin lumineux du début d'octobre, il y a deux mois, mille fantômes d'autres miroirs, certains déjà notés par moi, d'autres relevés par d'autres mains dans d'autres livres, mille dorures passées de mille matins d'hiver, écrire cela, voilà mon travail, voilà ce que j'oppose au regard de l'homme de mon rêve, le contremaître atrocement doux et paternel qui me jugeait si mal en me reprochant si peu.

*

Ce que j'ai posé sur « La Halte du prophète », je pourrais l'échafauder sur les brouillons d'*Aurélia*. Partir de la généalogie fantastique rédigée par Nerval, extravagant griffonnage dont j'ai la photographie sous les yeux, preuve que le système d'Aurélia préexistait à la folie, et finir sur les guêtres grises et les souliers vernis du rapport de la police après la pendaison.

*

Je reviens à cette idée de partage inconnu. Si les âmes transmigrent comme l'ont pensé tant d'hommes, peut-être que le partage inconnu, ce goût commun pour certains lieux, certaines images orchestrent souverainement la marche de nos amours. Les âmes qui ont aimé les mêmes choses sans se connaître, se croisant pour la première fois, s'entendent sans se parler sur la base de cette remémoration. Peut-être aussi le bouquet d'arbres dont Proust n'arriva jamais à justifier l'attrait (point de fuite de *La Recherche*) est-il le souvenir illisible d'une compagnie autrefois plus chérie qu'Albertine ou même que sa grand-mère.

Après que j'aurai oublié l'existence d'Eva, de ma mère ou de mon père, l'âme que je serai croisant des yeux quelque chose qui nous unissait sera-t-elle émue sans savoir pourquoi ?

L'âme de la prose, c'est la poésie. Une gemme ou un gène. Il ne s'agit pas que la prose soit poétique, mais qu'elle renferme des éléments physiques de la poésie à l'intérieur de sa structure. Comme un os dans un reliquaire, ou une simple consécration, le souffle du prêtre dans le bois d'un objet de culte. Parfois l'objet passe entier sous sa forme simple non transformée d'un poème à la prose. Je pense à la treille qui se trouve, je crois, sur le mur de la maison de Sylvie, venue des jardins du Vatican et transposée telle quelle des vers d'*El Desdichado*. Un fragment, un détail du paysage, mais qui confère à la maison du Valois cette lumière insaisissable, sans source apparente, qui est celle du rêve. Lumière qui continue d'éclairer le paysage réel, lumière qui m'a imposé de m'installer ici, non loin de chez Nerval, pour m'y baigner certains matins.

On cite d'habitude l'Allemand Hegel et les confins bleutés de Leipzig comme point de départ de la poésie moderne. C'est le mythe de la mort de Dieu qui aurait créé le mythe romantique du poète voyant, cette magie panthéiste, le remords de religiosité dont on suit la trace jusqu'au surréalisme.

Vouloir faire de la poésie une religion conduit à la folie ou au suicide. L'impulsion qui la fait naître ne vient pas de la transcendance, mais de la tradition, de la terre, des abysses. Confondre l'inspiration et la visite de l'ange est une mauvaise variation du paganisme. La vérité peut venir des muses, mais le bien n'est pas leur fort.

La poésie peut mener à la religion par le même chemin qu'elle s'en sépare. Le panthéisme est à la croisée des chemins comme les figures d'Hécate aux carrefours. Ceux qui y sont nés passent par ces lieux hantés avant de s'aventurer plus avant, ceux au contraire qui viennent de l'athéisme les mêmes sentiers pris à l'envers les ramèneraient vers l'Église. Mon père a suivi ce second trajet. Ses pas l'ont ramené du surréalisme dans les bornes de pierre de l'Église catholique romaine. Un peu à la manière de Reverdy.

J'ai gardé pour le catholicisme le goût très vif qu'on tire de l'enfance. Je n'ai jamais pu ni voulu m'en détacher tout à fait, même si, depuis quelques mois, sous l'influence de je ne sais quelle puissance souterraine – Mnémosyne, peut-être –, et sûrement à cause de la vieillesse de mon père, une distance se crée. Distance dont je ne me réjouis pas. Je ne sens pas l'effort d'une montée ou d'une ascèse. Ni le vertige de l'abîme. Plutôt la douceur d'un dénivelé, d'une résignation. Il ne faut pas négliger non plus l'effet de la prose, son intensité plus faible, sa capacité à épouser divers aspects de la réalité. Les victoires plus fréquentes que ce « passe-temps » offre à l'ouvrier.

> *Enfin, vous voilà donc – Ma belle mariée*
> *Enfin vous voilà donc – À votre époux liée*
> *Avec un long fil d'or – Qui ne rompt qu'à la mort*

L'idée de la mort de mon père m'a empêché de dormir quand j'étais enfant. Pour l'oublier, en guise de conjuration, je m'étais imaginé un jeu : trouver la date de ma propre mort. Vers dix ans, j'avais établi, grâce à je ne sais quelle martingale, une date et une heure : le 2 août 2010 à cinq heures moins le quart de l'après-midi.

Pendant quarante ans, je n'ai pas oublié et j'ai attendu. Le 2 août 2010, j'étais prêt, seul, plage Miramar à Biarritz. Je suis allé me baigner dans l'océan à l'heure dite, surveillant les aiguilles de l'horloge publique qui se trouve en haut de la rampe en ciment entre le Grand Hôtel et le marchand de glaces.

De retour sur le sable à cinq heures, ressuscité depuis quinze minutes, une nouvelle vie a commencé. Défaut des présages, toujours un peu approximatifs : le samedi 4 décembre de la même année 2010, alors que je recevais mes parents à la campagne, je fus frappé d'un malaise cardiaque. Je suis parti marcher seul sous la neige en attendant la mort. En vain.

J'ai survécu grâce à Schuhl qui m'a envoyé à l'hôpital le lendemain. Sans lui je n'aurais peut-être jamais retrouvé Eva.

Eva... qui me soupçonne du pire à cause de ce livre dont je n'arrive pas à lui parler parce qu'il y est question de mon père et qu'elle-même écrit en ce moment sur le sien. Elle surveille mes lectures, scrute mes expressions. Perversité ou maladresse de ma part lorsqu'elle me demande une fois de plus : « À quoi tu penses ? », je lui livre des bribes incompréhensibles. Une histoire de sirène dans la baie de Naples pêchée dans un livre de Norman Douglas. Les sirènes charmées par Orphée, dont l'empereur Claude chargea un grammairien d'étudier le langage. Elle me regarde d'un œil froid. Comme si j'essayais de la distraire avec un leurre, de la balader, ou plutôt de l'« enfumer », dit-elle. Ce qui est injustifié. Hier matin, en m'entendant parler tout seul parce que je n'arrivais pas à allumer le feu, elle m'a même accusé de faire de la magie noire.

Jules Monnerot parle de « magie sans espoir » à propos de la poésie moderne.

*

Rohde toujours. Puis Lautréamont. Je ferme les yeux, derrière le cyprès blanc près de la fontaine sans nom, j'entends le murmure d'une voix inconnue, elle a l'accent des petites Américaines de Larbaud, celui de mon ami chilien, celui d'un jeune comte uruguayen. On s'adresse à moi :

> Tu t'y baigneras avec des petites filles qui t'enlaceront de leurs bras. Une fois sorties du bain, elles te tresseront des couronnes de roses et d'œillets. Elles auront des ailes transparentes de papillons et des cheveux d'une longueur ondulée qui flotte autour de la gentillesse de leur front... Elles t'obéiront à ton moindre signe et ne songeront qu'à te plaire. Si tu désires la voiture de neige qui transporte au soleil en un clin d'œil, elles te l'apporteront.

— Tu dors ?
— Non, je lis.
— Je n'arrive jamais à savoir si tu dors ou si tu lis.

Du même auteur :

ANTHOLOGIE DES APPARITIONS, Flammarion, 2004 ; J'ai lu, 2006.
NADA EXIST, Flammarion, 2007 ; J'ai lu, 2010.
L'HYPER JUSTINE, Flammarion, 2009 ; J'ai lu, 2015.
JAYNE MANSFIELD 1967, Grasset, 2011 ; J'ai lu, 2012.
113 ÉTUDES DE LITTÉRATURE ROMANTIQUE, Flammarion, 2013.
EVA, Stock, 2015 ; Le Livre de Poche, 2016.
CALIFORNIA GIRLS, Grasset, 2016 ; Le Livre de Poche, 2017.
LES VIOLETTES DE L'AVENUE FOCH, Stock, 2017.
OCCIDENT, Grasset, 2019.

Composition réalisée par NORD COMPO

Achevé d'imprimer en France par
CPI BRODARD & TAUPIN (72200 La Flèche)
en mai 2019
N° d'impression : 3033852
Dépôt légal 1re publication : juin 2019
Librairie Générale Française
21, rue du Montparnasse – 75298 Paris Cedex 06

68/0172/3